BVT

Ein Russe reist um die Welt: Viktor Jerofejew, der als einer der wichtigsten Autoren seines Landes gilt, hat aufgeschrieben, was ihm bei seinen Reisen rund um den Globus begegnet ist. Etwa in Alaska, das Zar Alexander II. 1867 spottbillig an die USA verscherbelt hat. Viktor Jerofejew reist durch dieses »russische Amerika« und erfährt von einer Eskimofrau, wie der Mond an den Himmel gekommen ist. Weitere Stationen sind St. Petersburg, Japan, Südafrika, die Krim und Capri. Wo auch immer er aus dem Flugzeug steigt: Viktor Jerofejews an den Widersprüchen und Brüchen seiner Heimat geschulter Blick erfasst messerscharf die Schönheit und den Wahnsinn unserer Welt.

Viktor Jerofejew, 1947 in Moskau geboren, gilt als der wichtigste Gegenwartsautor Russlands. Sein Roman *Die Moskauer Schönheit* (BvT, 2006) ist inzwischen in 27 Sprachen übersetzt worden. Der autobiografisch geprägte Roman *Der gute Stalin* (BvT, 2005) wurde zum internationalen Bestseller.

Viktor Jerofejew

Der Mond ist kein Kochtopf

Ein Russe auf Reisen

Aus dem Russischen von
Beate Rausch

Pour Volker amicalement

Berliner Taschenbuch Verlag

– Тюбинген. 2007 г.

April 2007
BvT Berliner Taschenbuch Verlags GmbH, Berlin

Umschlaggestaltung: Rothfos & Gabler, Hamburg,
unter Verwendung einer Fotografie
von © Ted Wood/GettyImages
Druck und Bindung: Clausen & Bosse, Leck
Printed in Germany
ISBN 978-3-8333-0445-3

www.berlinverlage.de

Inhalt

Reiselust *Einleitung* 7
Wir töten morgen und essen gestern Alaska 31
Europa an der Newa St. Petersburg 62
Land des Feuers Südafrika 69
D'Anthès' Rehabilitierung Elsass 82
Klosett 007 Japan 99
Warum bin ich nicht Shanghai? Shanghai 118
Luxus Paris 129
Stört die Worte nicht Serbien 153
Unschuldiges Licht Krim 167
Wo Europa anfängt Moskau–Warschau 170
Die Zauberyacht *Tote Hose* Capri 207
Apfelsinenherbst Ukraine 216
Kater und Fische Côte d'Azur 222
Ein ungewöhnlicher Faschismus Norwegen 232
Das russische Wodkameer Russland 239

Reiselust

Eine alte europäische Weisheit besagt, dass unsere Seele von ihrer Natur her Christin ist. Ich würde hinzufügen, dass sie außerdem eine Reisende ist. Jede Reise hat den Abglanz der Reinkarnation. Wir reisen, weil wir lebendig sind.

Schon als Kind war ich in Exotisches vernarrt. Alles begann mit der Ananas. Festtage waren in meiner Seele mit Ananas verbunden. Stand auf unserem Tisch eine Ananas, dann war Festtag. Wenn nicht, bedeutete das trüben Alltag. Die überirdischen Krater der Schale, der prachtvolle palmenartige Schweif, das zarte, duftende Fleisch und der Saft, der in den Mundwinkeln zwickte, erregten mich. Wo und wie wachsen Ananas? Es zog mich in die Ananasländer. Ananas – du mein erster, festlicher Reisestimulus! Viele Jahre später, als ich durch Vorlesungen an amerikanischen Universitäten das nötige Geld beisammen hatte, reiste ich schnurstracks auf die Inseln des Ananastraums – nach Hawaii. Mitten im Stillen Ozean gediehen in Hochlandplantagen, auf märchenhafter Roterde, unendlich viele natürliche Modelle und Abwandlungen dieser Frucht und ragten optimistisch in den Himmel. Ich hatte meinen

Kindertraum wie einen Schmetterling im Netz eingefangen.

Wir sind reisende Frösche. Eng ist es uns im eigenen Sumpf. Der erste Schrei des Neugeborenen ist nichts anderes als ein Signal, dass die Reise beginnt. Welches Reisebüro hat für uns die Route erdacht, hat die Mühe auf sich genommen, für unsere Unterkunft zu sorgen, Hindernisse und Methoden zu deren Überwindung erfunden? Oder ist alles, wie in einem schlechten Film, vom Zufall abhängig, und wir sind in die Welt geworfen, uns selbst überlassen? Auf derartige Fragen gibt es nach wie vor nur vage Antworten. Die Rätselhaftigkeit des Lebensweges verspricht nicht unbedingt Bewegungsfreiheit. Bisweilen fahren wir nach unserem Willen, aber nicht selten werden wir durchs Leben gefahren, ohne dass man um unser Einverständnis gebeten hätte.

Doch wir sind auch etwas wert, und allmählich, uns umschauend, schalten wir uns in die Lenkung der eigenen Bewegung ein. Je nach Kräften, je nach Glück, beginnen wir unsere Marschroute festzulegen, ausgehend von unserem Geschmack und unseren Interessen. Die Überwindung äußerer Umstände gestaltet sich bei jedem anders, aber die Lebenslust bleibt die wichtigste Voraussetzung für einen Sieg.

Als ich klein war, verwandelte ich mich vor dem Einschlafen gern in andere Menschen. Das war wie Umsteigen in einen anderen Zug, der ratternd nach Fahrplan seine Strecke fuhr, oder wie eine Übernachtung in einem unbekannten Hotel. Ich drang still und leise in fremde

Körper ein und lebte dort ein Probierzellenleben, schaute mit fremden Augen und benutzte ein fremdes Gehirn. Mir gefiel es, mich in unserer Hausangestellten einzunisten, in Bekannten meiner Eltern, Wohnungsnachbarn, Sowjetführern, die unscharf im schwarzweißen Aquarium unseres flimmernden Fernsehers herumschwammen, oder auch in einem Milizionär aus unserer Gorkistraße. In der Hausangestellten lebte ich wie in einem lauten Zwei-Sterne-Hotel mit vertraulichen Umgangsformen, ich war entzückt von ihrem Gang, den rundlichen Formen ihres Körpers, den sie in unserem Badezimmer immer gründlich einseifte. Bei dem Milizionär verehrte ich seine innige Beziehung zu Ampeln und überhaupt zum Straßenverkehr. Chruschtschow schien mir einfach ein fröhlicher Gauner zu sein.

Das waren meine ersten Reisen, die noch vor meiner Bekanntschaft mit Büchern begannen. Jedes Mal kehrte ich widerwillig, schon im Einschlafen, zu mir selbst zurück. Mir kam es vor, als seien fremde Leben interessanter und reicher als mein eigenes. Letzten Endes gaben mir jene ersten kindlichen Ekstasen – die phantasierten Spaziergänge außerhalb meiner selbst – das ein, was Albert Camus die Fähigkeit, gleichzeitig mehrere Leben zu leben, nannte. Noch heute führe ich auf Reisen durch verschiedene Länder immer dasselbe Experiment durch: Der sizilianische Fischverkäufer, die nepalesische Bäuerin mit einem Korb voller trockener Äste auf dem Rücken oder der afrikanische Fremdenführer in Mali, der mir die lebendige Kultur der Dogon zeigt – sie alle fallen leicht meiner Neugier zum Opfer. Da in meiner Kindheit meine Phantasie erwacht war, musste ich ihr ständig Futter geben. Andernfalls hätte sie mich aufgefressen.

Und genau dabei kamen die Bücher zupass. Ich verlangte, dass man sie mir vorlas, zu einem einzigen Zweck: Mich mit Eindrücken vollzusaugen. Je phantastischer, desto besser. Ich machte keinen Unterschied zwischen russischen Märchenhelden und Timur und seinem Trupp aus der sowjetischen Kinderliteratur. Die märchenhafte Möglichkeit, auf einem Motorrad herumzubrausen fand ich gleichermaßen aufregend wie das Schicksal von Iwanuschkas Bruder, der sich tatsächlich in ein Zicklein verwandelte – Bücher waren für mich Reisen. In meiner kindlichen Phantasie blieben besonders exotische Namen haften: «Du bist nicht in Chicago, meine Liebe!», sagte Ex-Minister Mister Twister, der mit seiner Familie in Leningrad weilte, und für mich war nicht seine Begegnung mit der schönen sowjetischen Welt wichtig, sondern sein Wohnort Chicago. Ich glaube, dass sich nicht nur bei mir, sondern bei allen Kindern meiner Generation dank Tschukowski auch der Fluss Limpopo auf ewig im Kopf festgesetzt hat – ein beinahe biblischer Begriff. In Chicago schlenderte ich später mit Vergnügen durch die Straßen von Mister Twister. In Südafrika unternahm ich große Anstrengungen, um von Kapstadt zum Limpopo zu gelangen, was zu einem äußerst enttäuschenden Resultat führte.

Die erste Etappe auf dem Weg zu touristischer Leidenschaft besteht in der Aneignung von magischen Bezeichnungen. Hier funktioniert die Magie der Namen – eine praktisch mystische Instanz. Der Reisende möchte mit Anderen gleichziehen. Nicht in Paris gewesen zu sein, ist ein Merkmal sozialer Minderwertigkeit. Dort gewesen zu sein, heißt dagegen nicht nur mitreden, sondern auch Urteile abgeben zu dürfen:

«Nichts Besonderes!»

«Ich hätte nicht gedacht, dass es hier so schön ist!»

Alles hängt von der Begeisterungsfähigkeit oder dem Skeptizismus der Seele ab. Der Skeptiker wird sich nicht einmal vor dem Eiffelturm verbeugen. Die Seele des Enthusiasten gerät dagegen bereits beim Anblick eines Pariser Straßenpissoirs in Ekstase.

Noch bevor ich Jules Verne in die Hand nahm, war ich schon zum passionierten «inneren» Reisenden gereift, wie übrigens auch Jules Verne selbst einer war, der niemals irgendwohin gereist ist. Das war ein Fehler. Ich teile nicht die Meinung jener Leute, die finden, dass der Mensch keinen Grund habe zu reisen, da ja, wie sie behaupten, seine innere Welt unendlich sei und man alles Mögliche aus ihr herausholen könne. Die innere Konzentration ist eine kostbare Sache, aber Reisen können Dimensionen eröffnen, von denen der Mensch nichts ahnt. Die Konfrontation des Menschen mit Außenwelten ist nicht weniger wichtig als die Vertiefung in die Innenwelt. Man kann sich das Meer vorstellen, auch wenn man niemals da gewesen ist, aber die reale Empfindung bei der ersten Begegnung mit dem Meer erzeugt eine unendliche Assoziationskette, die einen nicht nur in einen guten Schwimmer verwandelt, sondern auch in einen wunderbaren Liebhaber.

Selbstverständlich sind mir nicht wenige Menschen begegnet, die am Meer leben und nichts anderes als eine «große Pfütze» darin sehen. Aber eine derart abgestumpfte Wahrnehmung ist sogar dann noch sträflich, wenn sie sich als Form einer zynischen Marotte erweist. Widerstand gegen Schönheit erzeugt ebenso wie die Unfähigkeit, diese wahrzunehmen, eine seelische Schwäche.

Ich hatte Glück. Ich musste das Reisen nicht erlernen, indem ich mich mit Motivation für Ortswechsel versorgte. Sie war offenbar zusammen mit meinen schöpferischen Fähigkeiten in mir angelegt. Das war ein und dasselbe Paket göttlicher Angebote. Aber ich habe auch öfter beobachtet, wie Leute, die aus verschiedenen Gründen dem Reisen skeptisch gegenüberstanden, sich plötzlich davon angezogen fühlten und nicht mehr davon lassen konnten. Auf jeden Fall muss man die erste Reise richtig verdauen; darum sollte sie nicht zu gehaltvoll ausfallen. Allzu oft haben wir Angst, die eigene Hilflosigkeit zu entdecken. Die erste Reise verbindet man am besten mit einer bereits bekannten Leidenschaft oder sogar Schwäche: Shopping liegt einem mehr als das Kolosseum? Prima, auf geht's zum Shopping nach Rom, und das Kolosseum schauen wir uns später mal an. Ich habe nichts gegen Reisen, die daraus bestehen, was man in Japan «Treppe» nennt – dem fließenden Wechsel von einem Tresen zum andern, von einem Restaurant ins nächste. Gastronomischer Tourismus in Länder, die für ihre Küche berühmt sind, braucht keine heuchlerischen Rechtfertigungen. Es gibt ein eisernes Reisegesetz – in Italien kommt kein französischer Wein auf den Tisch, und in Frankreich macht man einen Bogen um Pizza. Der einheimische Wein und die einheimische Küche sind heilig. An dieser Stelle übrigens könnte ein ernster Konflikt zwischen intellektueller Kulturbeflissenheit und zweckfreier, unbeschwerter Lebenslust entbrennen. Wer davon überzeugt ist, dass Florenz oder Madrid uns wegen ihrer Museen teuer sind, irrt sich nur dann nicht, wenn er mit einem Empfinden für die Stadt und nicht nur für die Stickigkeit der Museen nach Hause zurückkehrt. Ich erinnere mich, wie sich Paris meiner jungen Frau nicht durch die Mona Lisa erschloss, sondern durch die Eisbahn vor der Pariser Bürgermeisterei. Fest bleibt Fest. Schlittschuhlaufen auf einer Kunsteisbahn gemeinsam mit den durch diese eisigen Experimente aufgekratzten Parisern erwies sich als überzeugendstes Argument zugunsten von Paris.

Ich hatte zweimal Glück. Ich wollte nicht nur reisen, sondern ich konnte es auch. Dank dem Beruf meines Vaters, der Diplomat war, fand ich mich als Achtjähriger in eben diesem Paris wieder. Im Unterschied zur Mehrheit meiner Landsleute hatte ich mit dem Eisernen Vorhang kein Problem. Das Verbot von Auslandsreisen war eines der Kapitalverbrechen der Sowjetmacht, bedeutete es ja nicht nur eine Beschneidung der Bewegungsfreiheit. Hiermit wurde auch die Furcht vor dem Rest der Welt als Feindesland vorprogrammiert. Das ist bis heute in Verhalten und Denken vieler Russen erkennbar. Im August 1955 reisten wir mit dem Zug im Schlafwagen von Moskau nach Prag. Damals gab es noch keine Direktverbindung nach Paris. Der Zugbegleiter brachte Mama, Papa und mir drei Gläser Tee in silberfarbenen Teeglashaltern. Doch das Abteilfenster war mit einem weißen Vorhang der Sowjetischen Staatsbahnen verhängt. Also lief ich immer wieder auf den engen Gang mit dem langen Läufer hinaus, hielt mich an der Haltestange unterm Fenster fest und klebte an der Scheibe. Das Fenster verwandelte sich in einen Bildschirm: Mein erster Videoclip über Beständigkeit und Veränderlichkeit, Verschiedenartigkeit und Schönheit begann; kurzum, es ging los.

Seitdem habe ich viele ähnliche Filme gesehen, Filme mit unterschiedlichem Format und mit unterschiedlicher Geschwindigkeit, in der sich die Dinge wandelten. Von einem Dampfer auf dem Rhein aus gesehen wirkt die Landschaft gedehnt und fließend, sie ist oval. Etwas anderes ist es, im Landrover über die kinnharte Oberfläche der Sahara zu rasen und plötzlich in schieferschwarzem Sand zu versinken. Vom Deck einer kleinen Privatyacht beim Anlaufen von Capri sehen zwei am Himmel sich berührende Regenbögen besonders schön aus, die unaufdringlich wie in einer guten Werbung an das Logo von McDonald's erinnern. Aus dem Fenster eines Flugzeugs der China Southwest Airlines, deren Stewardessen mit ihren schmalen Augenbrauen aussehen wie Porzellanfiguren, erblickte ich endlich den Mount Everest – gleichsam von weißen Rosen umkränzt, in die sich die Wolken verwandelt hatten. Von einer Reise kehrt man gewöhnlich wie von der Jagd mit Übertreibungen zurück. Einmal flog ich in so einer vibrierenden Kiste von Hubschrauber in irgendein für Ausländer geschlossenes asiatisches Königreich im Königreich – es war gar nicht schlimm; ich blieb am Leben. Im Sattel eines Pferdes, das die endlosen mexikanischen Strände entlang trabte, fühlte ich mich wie ein Konquistador.

Damit ist ein Wort gefunden, das von Gumiljow stammt. Der Reisende ist im Grunde ein Eroberer. Oder, sofern die Rede von Individualtourismus ist, ein einsamer Feldherr. Sein Bestreben ist die Unterwerfung des Raums. In seinem persönlichen Imperialismus kennt er keine Grenzen. Beginnend mit unschuldigem neugierigem Umherschweifen, träumt er letzten Endes davon, die Welt zu erobern. Doch im Unterschied zum Heerführer unterwirft er die Welt nicht seiner Armee, sondern der Macht seines Blickes und Kommentars. Mit dem Auge «markiert» er den eroberten Raum wie ein Tier sein Territorium. Je mehr er reist, desto mehr erweitert sich sein Bewusstsein, erhöht sich sein Selbstwertgefühl. Sofern er dabei nicht in Snobismus verfällt, erlangt er mittels Vergleich die Fähigkeit der Beurteilung: «Das ist genauso wie bei uns, dafür ist das ganz anders. Venedig – das ist ja Petersburg an der Adria!» Zunächst zähmt der Tourist die Welt, indem er seine eigenen Gesetze auf sie anwendet und sich über Unstimmigkeiten wundert. Aber die Analogien haben ihre Grenzen. Wir brauchen sie als Ausgangspunkt, als Brücke, nicht aber als Schlussfolgerung. Der reife Tourist sucht nicht nach Übereinstimmungen, sondern nach Unterschieden.

Eine Reise ist Medizin gegen Langeweile und ein Hindernisrennen zugleich. Wollen Sie einen Menschen kennen lernen? Dann nehmen Sie ihn mit auf eine Reise. Das ist sogar besser als mit ihm Pferde stehlen zu gehen. Eine Reise entblößt seinen Charakter, offenbart seinen Humor und unterstreicht seine Phobien. Eine Hochzeitsreise steckt voller versteckter Gefahren, wenn sie nicht durch vorhergehende Reisen geprobt wurde. Wodurch unterscheidet sich der Tourist vom Reisenden? Durch das Vertrauen in die kostenpflichtigen Dienstleistungen der Zivilisation? Das Entscheidende ist nicht die Art der Reise, sondern deren persönliche Realisierung. In einer lärmenden Gruppe oder allein, warum laufe ich stundenlang durch italienische Städte, als ob ich da was verloren hätte? Brauche ich wirklich das masochistische Eingeständnis, dass ich irgendwelche Möglichkeiten verpasst habe? Tourismus ist Egoismus pur. Das Ideal des Tourismus ist, Schönheit, Wunder, Genuss zu verbinden und diese Dreieinigkeit zur Erinnerung zu fotografieren. Von diesen drei Komponenten ist seltsamerweise nicht das Wunder die rätselhafteste, sondern die Schönheit.

Der Reisende teilt die Welt in seine Einflusssphären auf, er kolonisiert den Raum. Jede Kolonie bedient seine verschiedenen Interessen. Dasselbe taten eigentlich auch die Franzosen und die Engländer: In dem einen Land pflanzten sie Erdnüsse, im zweiten befassten sie sich mit Rohstoffgewinnung, im dritten machten sie einfach Urlaub.

Manche Touristen werden, besonders anfangs, nicht mit den überwältigenden Emotionen fertig. Warum markiert der primitive Tourist buchstäblich sein Territorium, indem er an einem historischen Baudenkmal die Mitteilung hinterlässt: «Ich war hier!»? Diese barbarische Begeisterung hat eine gewisse Logik. Auf diese Weise möchte er nicht nur an der Schönheit teilhaben, sondern sich auch der Nachwelt erhalten. Mehr noch, so ein Barbar hinterlässt mit Vergnügen auf dem Denkmal auch noch ein kurzes kräftiges russisches Wort, nicht nur, um das Organ zu bezeichnen, mit dessen Hilfe die Tierwelt ihr Territorium markiert, sondern auch als Herausforderung an die konkrete Sehenswürdigkeit, als Weigerung, sich ihrer Wirkung zu unterwerfen: Guckt mal, wir sind auch nicht von Pappe.

Fotografieren kann man natürlich nicht mit dem Einkratzen einer Botschaft mit Hilfe eines Nagels vergleichen. Das ist bereits der Übergang in einen kulturellen Raum. Aber auch hier kann es zu Extremen kommen. Fotografiersucht ist ebenfalls ein Bedürfnis, mit dem Denkmal intime Beziehungen aufzunehmen. Je weiter sich der Tourist von zu Hause entfernt, desto bedeutender erscheint ihm seine Reise. Japanische Touristen nehmen mit ihrer Digitalkamera oft mehr auf als mit den Augen.

An jedem touristischen Ort gibt es einen Andenkenmarkt. Im Grunde stellt er eine Versuchung unseres Geschmacks dar. Kommt man nach Toledo, wo die Kathedrale eine solche Masse von kulturellen Informationen über dem Touristen ausschüttet, dass man sie als Internet in Stein bezeichnen kann, werden selbstverständlich Teller mit Abbildungen der Stadt verkauft. Im Grunde ist sie von Ihnen bereits erobert; bleibt nur noch, ein Zertifikat zu erhalten, das Ihren Sieg bestätigt. Das Souvenir ist eine

Trophäe, die Sie aus der eroberten Stadt mitnehmen, von der Sie ihrerseits erobert wurden. Der Kauf eines Souvenirs ist der Austausch weißer Fahnen bei der gegenseitigen Gefangennahme. Doch was tun mit der eroberten Stadt? Der Kauf eines Souvenirs kann verschiedene Bedeutungen haben. Es ist natürlich schön, ein T-Shirt mit dem Namen einer Stadt zu kaufen und es dann zu Hause zu tragen; alles ist sinnvoll, was «zum Andenken» dient. Man kann auch ein Buch mit Illustrationen kaufen, um es immer wieder anzuschauen und sich an das Gesehene zu erinnern. Aber in der Regel – das wissen wir aus eigener Erfahrung – hat man zu Hause so gut wie nie die Zeit, sich das gekaufte Buch anzusehen. Sollte man nicht besser eine Radierung kaufen? Ich jedenfalls wähle diesen Weg, wenn ich innerhalb Europas reise. Eine Originalradierung ist nicht nur eine Erinnerung, sondern auch eine Fortsetzung der Kunst, die die lieb gewonnene Stadt ausstrahlt. In Afrika hingegen kaufe ich Masken. Hier sind gewisse Tricks zu beachten. Die Afrikaner sind nicht dumm, sie kennen den Geschmack der weißgesichtigen Touristen und reiben die Masken mit schwarzer Schuhcreme ein. Doch auf dem großen Maskenmarkt findet man nicht selten auch das, was man als untouristische Ware bezeichnen kann; solche Masken wurden ursprünglich für Rituale hergestellt. Ein Paradox – der Tourist bemüht sich, der touristischen Dienstleistungssphäre zu entkommen. Er möchte gern etwas Echtes kaufen und nichts Gefälschtes. Er überwindet seine oberflächliche Eroberung des Raums und versucht in der fremden Kultur Zeichen eines universalen Sinns zu finden. Er versteht, dass es in den Kulturen zwei Äußerungsebenen gibt: eine lokale und eine universale. Nach einer viele Jahrhunderte bis zur heutigen Globalisierung dauernden autonomen Existenz waren die verschiedenen Kulturen Träger von Informationen über absolute Werte. Die Leidenschaft für das Reisen verwandelt sich in eine Leidenschaft für die Entschlüsselung weltweit bedeutsamer Zeichen. Dennoch, aus einer Stadt irgendeinen schlimmen Kitsch wie etwa das «Männeken Piss» aus Brüssel mitzubringen – auch das hat was.

Nach der Befreiung aus der räumlich hermetischen Abgeschlossenheit in der Sowjetzeit wird sich der russische Reisende nichtsdestoweniger immer nach seiner Vergangenheit umschauen und sie mit jeder neuen Reise erneut bezwingen, seine Neuerwerbungen zählend: Erobert sind nicht nur Paris, sondern auch London, Amsterdam usw. Für den Einen ist die Magie des Namens stärker, die ihm seit der Kindheit im Kopf herumspukt, bei dem Anderen die Magie der Mode im direkten und übertragenen Sinne. Alles hängt davon ab, wie fortgeschritten der Tourist ist. Der Eine geht auf die Via Bonaparte in Mailand, der Andere fährt in die Toskana, um sich die mittelalterlichen Städte auf den Hügeln anzuschauen. Die toskanischen Landschaften sind grandios, aber selbst der erstaunlichste Raum kann an sich keinen so großen Respekt gegenüber seiner Schönheit einflößen wie es die Selbstbeeinflussung tut.

Der Kulturtourismus ist eine Besonderheit des russischen Reisenden (in gewissem Sinne auch des amerikanischen), der bestrebt ist, die heiligen Steine Europas, wie sich Dostojewski ausdrückte, mit eigenen Augen, beinahe auf Knien rutschend, zu sehen. Athen oder Rom brauchen unsere Eroberung. Die Loire-Schlösser müssen von uns bevölkert werden, damit man nicht nur die Säulen der Monarchie besser versteht, sondern auch die Bedeutung der Französischen Revolution. Oder spontan nach Jerusalem reisen. Meine erste, noch nicht lange zurückliegende Begegnung mit dieser Stadt weckte in mir das Thema meiner Einsamkeit. Auf Golgatha begreifst du, dass selbst Gott gottverlassen sein kann. Man weiß nicht immer genau, warum man wohin reist und was man da finden wird – aber vielleicht ist es ja gerade diese Unvorhersagbarkeit, die einer Reise die unterschwellige Süße gibt.

Eine Reise ist eine Begegnung zwischen der Außenwelt und der Innenwelt des Reisenden. Diese Welten beschnuppern einander lange. Aber soll das heißen, dass man sich auf Reisen wie auf Schulprüfungen, umgeben von Nachschlagewerken und Literatur, vorzubereiten hat? Schließlich soll die erste Begegnung die Frische eines ersten, nicht durch Büffeln abgenutztes «Ah!» besitzen. Andererseits wäre es auch dumm, als vollkommener Ignorant, ohne Kenntnis der elementaren Verhaltensregeln zum Rendezvous zu erscheinen.

Wenn eine Reise wie ein Fest ist, dann sind Reisen zu Festen doppelt festlich. Weihnachten in Paris, der Sankt-Valentinstag in London – traumhaft! Doch an einem nebligen Dezembertag im von Touristen völlig verlassenen Venedig anzukommen, das ist einfach märchenhaft.

Betritt man den Petersdom in Rom, der einem alten Bahnhofsgebäude für Heilige gleicht, und nähert sich Michelangelos Pietà, sollte man bereit sein, die ganze Bedeutung dieser Begegnung zu schätzen. Man sollte nicht gierig sein und der Kunst nachjagen; ein Bild, eine Skulptur reicht für einen ganzen Tag. Man kann natürlich hervorheben, dass Michelangelo sein Meisterwerk mit 26 Jahren erschaffen hat, man kann aber auch fasziniert sein von den Knien der Christusfigur, in denen alles Leid und die Schutzlosigkeit der Welt konzentriert zu sein scheinen. Je schwächer und labiler die Innenwelt des Reisenden, desto mehr braucht er die Stützen, die ihm der Reiseführer bietet. In dieser Hinsicht ist der Reiseführer ein einzigartiges Instrument der Kuppelei. Er lobt die Schönheit des Ihren Augen dargebotenen Gegenstands und erhöht dessen Wert durch die Beschreibung zahlloser Details. Der Preis des Gegenstands steigt zusehends. Alles hängt davon ab, wie man diesen plappernden und wild gestikulierenden Kuppler benutzt. Sie können mit seiner Hilfe Ihren Geschmack entwickeln, aber es kann durchaus auch sein, dass Sie für immer von seinen Urteilen abhängig werden und schließlich nicht mehr imstande sind, eine eigene Wahl zu treffen.

Da auf einer Reise der Moment der Eroberung eine ernste Rolle spielt, warum sollte man da knausern? Der unglückliche Eroberer, der jede Kopeke umdreht, wird kaum etwas erobern. Ein schicker Mietwagen erinnert Sie an den Streitwagen eines Feldherrn. Ein sündhaft teures Restaurant mit exquisiter Küche ist nicht nur Angeberei, obwohl es nicht ausbleibt, dass sich der Embryo der Prahlerei im Herzen des Reisenden entwickelt. Denn er sieht ja mehr als die Anderen! Es gibt einen großen Unterschied zwischen einem Paris, das Sie aus einer Jugendherberge betreten, und einem Paris, das Sie vom Balkon eines Penthouse betrachten. An der Grenze zwischen Indien und Nepal habe ich für einen Dollar in einem Hotelzimmer übernachtet, in dem massenhaft Heuschrecken hausten. In Paris hatte ich die Gelegenheit, in einer luxuriösen Zimmerflucht für 8000 Dollar die Nacht zu logieren. Machen wir uns nichts vor: Das sind zwei verschiedene Erfahrungsformen, und vielleicht muss man, um zu verstehen, was «Dritte Welt» bedeutet, die halbe Nacht Heuschrecken jagen. Aber wenn man die Schönheiten von Paris nicht von unten nach oben betrachtet, sondern sich sozusagen auf derselben Ebene damit befindet, dann ist das selbst für eine Seele, der bourgeoise Lebensweise fern liegt, ein unauslöschlicher Eindruck. Dasselbe lässt sich über die alpinen Kurorte in der Schweiz, Österreich, Italien und Frankreich sagen. Die Alpen besichtigt man am besten in einer guten Skiausrüstung. Die heutige Kultur, die die Vorstellung von oben und unten verloren hat, verhält sich zur Gioconda nicht anders als zu Skistiefeln. Die Gioconda kann man auch auf Abbildungen betrachten, aber die echte Gioconda im Louvre, das ist Ihre persönliche Errungenschaft, praktisch eine Bekanntschaft. Diese Bekanntschaft verlangt von Ihnen gute Skistiefel. Ich habe mich doch klar ausgedrückt?

Das moderne Leben stellt das Spaßprinzip in den Vordergrund. Wer nicht mitmachen will, ist selber schuld. Müde von den kulturellen Pilgerreisen auf der Suche nach Vollkommenheit setzt man sich am besten ans Steuer und fährt über die Weinstraßen Deutschlands, Frankreichs oder Italiens. Mit dem Auto Europa zu bereisen, ist an sich schon ein theatralisches Vergnügen. Ob man Autobahnkilometer frisst oder gemächlich über Landstraßen zuckelt, das sind zwei unterschiedliche Meditationsformen. Auf der Autobahn verwandeln Sie sich selbst in einen Geschwindigkeitsmesser, einen einzigen Raum- und Zeitanzeiger. Wenn Sie dann von der Autobahn abfahren, geraten Sie mitten ins fremde Leben hinein, Sie brauchen nur in einem unbekannten Städtchen anzuhalten und irgendwo einen Kaffee zu trinken, und unfreiwillig verwandeln Sie sich in einen Außerirdischen. Da sitzen zwei Studentinnen am Nebentisch. Die eine in weiter schwarzer Hose, die andere im kurzen Rock und schwarzweiß geringelten Strümpfen. Wo sind Sie? Anscheinend in Innsbruck. Sie essen ein Stückchen von Ihrem Apfelstrudel, heben den Kopf: Die küssen sich! Unter aller Augen. Auf den Mund. Sie reiben sich die von der langen Fahrt müden Augen. Oder kam es Ihnen nur so vor? Die Mädels laufen lachend aus dem Café, die Tür knallt hinter ihnen zu. Nicht übel! Ach ja, zu den Weinbergen …

Der Weingürtel, der die Welt auf der Nord- und Südhalbkugel umschließt, ist vielleicht die schönste Gegend zum Leben. Näher dem Äquator ist es heiß und feucht, näher den Polen gibt es Wälder, Wölfe und Schneefelder. Der Wein an sich zeugt bereits davon, dass wir warmes

Blut in den Adern haben. Um sich dessen jedoch endgültig zu vergewissern, muss man dorthin fahren, wo er hergestellt wird. Ich könnte stundenlang, ob im Sommer oder im Winter, Weinberge betrachten. Mir gefallen das Muskulöse der Weinstöcke, ihre Verflechtungen und geballten Fäustchen. Seit meiner Kindheit habe ich immer wieder viel über den Kampf um die Ernte gehört, aber erst bei Bordeaux, unterwegs von einem Wein-Château zum nächsten, als ich sah, wie ein Hund Weintrauben verschlang, als wäre er ein Mensch, verstand ich, dass nur jemand, der die Erde liebt, dafür so viel Arbeit aufwenden kann. Das Weinlaub vermittelt besonders im Herbst etwas kostbar Geheimnisvolles über die Großzügigkeit des Lebens. Winzer sind in der Regel Leute mit roten Backen. Man hat immer den Eindruck, als kämen sie gerade von einem beglückenden Spaziergang zurück. In den Weinkeller hinabzusteigen, den Geruch der Fässer und des Weins wahrzunehmen, bedeutet zu prüfen, dass die Lebensvorräte noch nicht erschöpft sind. Die Degustation der Weine bestätigt nur diesen Gedanken.

Nun aber zu den Palmen. Nicht zufällig sieht der Schweif meiner Ananas aus wie eine Palme. Die Palme ist ein Zeichen für das Paradies. Kommt man in Nizza aus dem Flughafengebäude, wedeln große und kleine Palmen mit ihren Blechblättern: Man ist im Süden! Die russische Kultur hat Palmen nicht nur als Topfpflanzen in Büros, die was auf sich halten, und in Kreml-Polikliniken aufgestellt, nicht nur in den Boden von Sotschi gepflanzt, sondern uns allen auch in den Kopf gehämmert, dass Palmen ein Heilmittel gegen Malaisen aller Art sind. Eine Reise ins irdische Paradies hat viel mit Palmen zu tun. Ob Karibische Inseln, Bali oder Pantelleria (eine kleine italienische Insel zwischen Sizilien und Tunis) – ich mache überhaupt am liebsten Ferien auf einer Insel; vielleicht ist das die Erholung von der grenzenlosen Weite meiner Heimat. Aber nicht nur darum geht es. Die Insel mit Palmen und goldenem Strand – das ist der Sieg der Werbung über den ehrlichen Spießer. Ich kenne keinen größeren Erfolg im Werbegeschäft. Alles muss dem Bild im kleinsten Detail entsprechen. Aber man braucht sich in Gesellschaft von Spießern gar nicht so übel zu fühlen. Jeder Millionär wird Ihnen bestätigen, dass Inseln mit vielen Palmen, Papageien und Affen durchaus nichts Schlechtes sind. Besonders, wenn das Meer eine Temperatur von etwa dreißig Grad hat. Manchmal muss man gegenüber dem Bauchmenschen in sich nachsichtig sein, manchmal ist es sinnvoll zu faulenzen. Umso mehr im Urlaub. Außerdem kann man, sofern man bei der Wahl seiner Palmeninsel einen glücklichen Griff tut, den Flug der Vögel beobachten, sich zum Sex-Tourismus auf den Bahamas entschließen oder Eingeborene und die einheimische Küche kennen lernen. Die Eingeborenen können interessante Sitten und Gebräuche und fröhliche Feste haben. Ethnische Tänze sind besser als jede Diät. Wie schön, dass es auf der Erde die Tänze der Völker der Welt gibt! Und wenn man in Afrika Frauen beobachtet, die hüftschwingend, Raupen mit großen Augen ähnlich, zu Tamtams tanzen, dann begreift man die Schönheit des Menschen. Vom Karneval in Rio will ich gar nicht reden; dort sind Lust, Schweiß und Fleisch eins wie Freiheit, Gleichheit, Brüderlichkeit bei den Franzosen. Nur in Island gibt es keine nationalen Tänze – wer hat schon im ewigen Durchzug Lust auf Tanzen.

Wie man in den Tropen braun wird, aber nicht verbrennt, das ist eine wichtige Frage, doch unsere Reisen rufen uns zu weit wichtigeren Dingen. Wir sollten zwar nicht vergessen, dass der Reisende Konquistador und Kolonisator ist, aber er ist auch ein Einsiedlerkrebs. Er will sich vor dem Alltag verstecken, den Kontakt dazu abbrechen, sich letzten Endes selbst vergessen. Da braucht er die weiten Räume der Savanne, um sich dort zu verlieren oder im Gegenteil auf Safari sich mit Schüssen bemerkbar zu machen. Es gibt Menschen, die lieben die Jagd. Ihr Banner ist Papa Hemingway. Ich bin schon lange müde vom Moralisieren. Möglicherweise ist die Jagd ein Zeichen für die menschliche Gier nach Blut, aber eine Safari ist jedenfalls besser als Krieg. Es gibt Risikofanatiker, die überqueren den Atlantik in einer Nussschale. Wenn man schon flieht, dann am besten ans Ende der Welt. Hier entsteht erneut die Magie des Wortes. Australien, Neuseeland oder Tahiti, wie unterschiedlich sie sein mögen, das bedeutet Känguru, Maori und Gaugin, eine Welt von Menschen, die auf dem Kopf gehen. Ich habe schon in Südafrika bemerkt, dass die Sonne sich dort entgegen dem Uhrzeigersinn bewegt. Sich loslösen und sich selbst mit anderen Augen sehen, das ist gediegener psychologischer Extremismus.

Manche begeistern sich für Felsen und Gletscher. Und ich liebe afrikanische Sonnenuntergänge. Es gibt diese bestimmte Tageszeit, nach fünf, wenn die afrikanische Sonne sich rasch dem Horizont nähert, da haben alle Fotos professioneller Fotografen dieses besondere Licht. Vielleicht ist das so, weil es in Afrika weniger Autos gibt als in London oder weil Steine und Sand so eine magische Kraft besitzen, aber da ist ein Baobab, dort ein Schwarm von irgendwelchen afrikanischen Vögeln – und weiter nichts, doch das Satte und zugleich Transparente des Sonnenuntergangs, irgendwelche Gerüche von Gras, in die sich der Geruch eines Lagerfeuers mischt, das Nomaden oder Viehzüchter angezündet haben, die Melancholie der Tropen, die der Traurigkeit des Tieres nach der Begattung ähnelt – all das ist mit nichts zu vergleichen. Dabei das Gefühl, dass die Götter nah sind – gleich dort hinter der Sanddüne. Auch Voodoo-Anhänger sind nicht weit. Vielleicht sind wir von der Sahara schon unbemerkt im Busch-Taxi an den Atlantischen Ozean gelangt, irgendwo bei der Republik Benin. Ich habe versucht, dort im Meer zu baden und muss ehrlich sagen, davon ist abzuraten. Es ist sehr viel besser, ins nächste Schwimmbad zu gehen. Die Wellen kommen wie eine Wand, gegen die einem (Achtung: Wenn man reist, greift man unwillkürlich zu Vergleichen) die Berliner Mauer wie eine Grabeinfassung auf einem russischen Friedhof vorkommt. Ich ging bis zum Knie in den Ozean, er packte mich an den Füßen und zog mich in den Abgrund. Mit knapper Not schaffte ich es ans Ufer. Aber dafür gibt es dort Zauberer, die das Wetter besprechen. Nach einem Besuch bei ihnen weiß man, dass das Leben sich nicht auf jenes Salz beschränkt, mit dem das Moskauer

Stadtoberhaupt an hohen Feiertagen die Regenwolken bestreut.

Höchste Zeit, von Japan zu erzählen. Es gibt Reisen, die man vergisst, und Reisen, die unvergesslich sind. Den Unterschied beginnt man bereits während der Reise zu begreifen. Die ersten sind die, bei denen man am liebsten nach Hause möchte, bei den letzteren vergisst man sein Zuhause. Aber das ist nur ein Vorgefühl der Unvergesslichkeit. Die Unvergesslichkeit selbst offenbart sich erst viel später, wenn man begreift, dass man während der Reise ein Anderer geworden ist. Das heißt, so ganz stimmt das nicht. Nach jeder Reise wird man ein Anderer. Man kann sogar durch eine Reise nach Minsk ein Anderer werden, aber das ist noch kein Grund, nach Minsk zu fahren. Andererseits, wenn man Lust dazu hat, warum sollte man nicht dorthin fahren? Ich meine jedenfalls eine innere Verwandlung. Noch vor Japan habe ich eine unvergessliche Reise gemacht. Nach Tibet. Aber Japan ist ein besonderes Kapitel. Es wird oft behauptet, dass wir in Japan etwas sehen, was es nicht mehr gibt, dass wir der Realität etwas hinzufügen. Jedes Land besteht aus zwei Teilen. Es gibt ein ewiges Russland, und es gibt ein heutiges. Sie sind miteinander verflochten, aber nicht identisch. Wenn wir reisen, sehen wir instinktiv die ewigen Länder. Das Kolosseum in Rom und die Westminster Abbey in London. Das heutige Leben erscheint uns eher wie ein bunter Schleier, der das Wesentliche verdeckt. In Japan habe ich etwas vollkommen Anderes gesehen. Ich habe das Land der vollkommenen Form gesehen. Vielleicht war nur das antike Griechenland imstande, formalistische Wunder zu erschaffen. Es gibt schöne Länder mit schöner Architektur, es gibt schöne und köstliche wie Italien, und es gibt Japan: Von Hokkaido bis Okinawa – ein Massenbehältnis für Götter. Dort wird man als Shintoist geboren, heiratet christlich und scheidet als Buddhist aus dem Leben. Anfangs dachte ich, dass Ästhetik wichtiger sei als Ethik. Oder: welche Toleranz! Die Japaner halten sich für das unreligiöseste Volk der Welt. Aber wenn man wochenlang viel rohen Fisch isst, kommen einem manchmal andere Gedanken, die nichts mit Vergleichen zu tun haben. Man versteht, dass die japanische Religion zum Inhalt gewordene Form ist.

Je mehr ich reise, desto mysteriöser wird mir meine eigene Vorstellung von Schönheit. Mich irritieren meine eigenen Bewertungen. Einmal verbrachte ich einen Frühling in Amsterdam, an den Kanälen, im Dunst des Aprilgrüns, mit den an die Geländer geketteten Fahrrädern – das war Liebe. Die ganze flämische Malerei lebte plötzlich in meinem Bewusstsein auf. Andererseits lässt mich beispielsweise Berlin als Stadt gleichgültig. Ich verstehe, dass man das Taj Mahal nicht mit Notre Dame de Paris zusammenbringen kann. Aber warum nicht? Die Natur kann nicht unschön sein, aber wann genau bringt uns ihre Schönheit aus dem Gleichgewicht? Was lieben wir auf dieser Erde? Ein Steilufer am Meer, die Strände von Deauville, die azurnen Wasser der Adria, die Reihe der Yachten in einem stillen Hafen einer südfranzösischen Stadt, die Farben des Indian Summer in Kanada, der Sand der Sahara, die Mohnfelder der Toskana, die stolzen Schnauzen der Kamele in den Arabischen Emiraten, der raue Himmel in Schottland, ein Berg von Torpedomelonen in Marokko, die schrägen Strahlen der untergehenden Sonne in den Hochalpen – was bewegt uns an all dem? So wie uns der Schein eines Lagerfeuers verzaubert, hypnotisieren uns diese Bilder. Was finden wir darin – den Widerhall irgendeiner tiefen Wahrheit über uns selbst? Die vergegenständlichte Harmonie?

Schönheit – das ist ja die Feuchtigkeit der Augen, die notwendig ist, um zu sehen. Sie überwindet die Reibung zweier sich gegenseitig durchdringender Ursprünge: der Welt und des Menschen. Das ist jenes erotische Sekret, dem es um den Fortbestand des Vergnügens zu tun ist, doch zuletzt erweist sich, dass es eigentlich um den Fortbestand des Lebens geht. Ohne Schönheit wäre das Leben trocken und tot. Schönheit, das ist Befeuchtung der Schöpfung, ihr festlicher «Bonus». Schönheit – das ist die Feuchte der Seele.

Wir töten morgen und essen gestern

Alaska

Der Mond ist kein Kochtopf

«Wissen Sie, wie der Mond an den Himmel gekommen ist?»

Bernie stand am Straßenrand im Gebüsch und zupfte junge Blätter ab. In der Tundra von Alaska blühte der Frühling – es war Juni. Ich schüttelte höflich den Kopf.

«Der Mond ist am Himmel erschienen, weil sie dem Mann in der roten Rentierjacke ein Bein gebrochen haben.»

Jim sprang aus dem Jeep und rang flehend die Hände.

«So ein Blödsinn! Ich achte die Legenden der Eskimos. Aber sie glaubt daran! Eine emanzipierte Eskimofrau, abends surft sie im Internet, sie hat mich – einen weißen amerikanischen Geschäftsmann, wir haben drei Kinder, die an nichts glauben, außer an ihre Spielsachen, und sie glaubt, dass ein Mann in einer roten Rentierjacke mit gebrochenem Bein zum Himmel hochgeflogen ist …»

«Und einen Kochtopf mitgenommen hat», setzte Bernie leise hinzu.

«Ah ja, auch noch mit einem Kochtopf! Sie macht keinen Unterschied zwischen Märchen und Wirklichkeit.»

«Und was ist die Wirklichkeit?», fragte Bernie.

«Da auf dem Berg ist eine Radarstation.» Jim blickte sich um. «Da passen sie auf, dass keine russischen Raketen herumfliegen. Das ist unsere Wirklichkeit in Alaska!»

«Ja, aber der Mann in der roten Rentierjacke war nicht von hier ...»

«Dann bin ich der Pflock, der an der Beringstraße im Dreck steckt, und verstehe nichts vom Leben», sagte Jim ernstlich böse, «aber der Mond ist kein Kochtopf!»

«Hören Sie auf mich, eine Frau von Klein-Diomid», sagte Bernie, ohne ihren Mann zu beachten. «In der Tundra lebte ein Rentierzüchter mit seinen zwei Söhnen. Der Vater machte ihnen Speere. Die Speere brachen schnell. Er machte sie immer dicker. Schließlich machte er Speere, die dicker waren als seine eigenen, und er wusste, dass seine Söhne erwachsen geworden waren.»

«Dicke Speere! Das ist Sex!», sagte Jim und lachte.

«Sex ist in allen Dingen. Hast du den Unterschied verstanden?»

«Den kannst du beim Abendessen erklären», sagte Jim. «Fahren wir essen.»

«Es gibt junge Blätter mit Robbentran. Das ist unser Eskimosalat.»

Mein Verstand sagt mir, dass das Leben aus Verlusten besteht. Wie jeder Mensch hasse ich es zu verlieren. Aber wie jeder Russe liebe ich es, die Verluste zu zählen. Das ist kein Masochismus, sondern gierige Selbstzerstörung. Die russische Geschichte fördert das. Sie besteht aus der Eroberung von Land und der Unmöglichkeit, es dann zu regieren, aus dem Verschweigen von zahllosen Opfern. Kann man jetzt verstehen, warum ich nach Alaska wollte? Was haben wir dort verloren?

Aber ich bin ja nicht nach Alaska gefahren, um nach russischem Geist zu schmachten. Asien und Amerika sind im fernen Norden durch die schmale Beringstraße voneinander getrennt. In grauer Vorzeit war dort eine Landenge, über die man, ohne nasse Füße zu bekommen, von einem Kontinent zum andern gelangen konnte, was die Eskimos auch nutzten. Die Landenge verschwand unter Wasser, und übrig blieben zwei Inseln. Sie sind nur zweieinhalb Meilen voneinander entfernt. Nach dem Verkauf Alaskas behielten die Russen die größere Insel; die andere wurde amerikanisch.

Zwei Eskimoinseln im festen Griff zweier Supermächte. Auf der einen singen die Eskimos «Kalinka» und Lieder über Lenin, auf der anderen schwärmen sie für Elvis Presley. Auf der russischen laufen sie in ölverschmierten Wattejacken herum und schlucken Wodka; auf der amerikanischen brettern sie mit Snowboards die Abhänge runter und trinken lieber Whisky.

Hier verläuft die extremste Zeitgrenze der Welt: Wenn es auf der amerikanischen Insel Montag 12 Uhr ist, ist es auf der russischen Insel Dienstag 9 Uhr. Irgendwo auf dem Globus muss ja schließlich die Naht sein, die Datumsgrenze, wo zwei Tage aufeinander treffen. Warum jedoch auf den benachbarten Inseln die Russen frühstücken, während die Amerikaner zu Mittag essen, ist schwer zu begreifen. Wie kann man sich hier verstehen?

«Wir gehen heute jagen», sagten die amerikanischen Eskimos, die traditionell in russischen Gewässern auf die Jagd nach Meeresgetier gingen. «Wir töten morgen. Wir richten das Fleisch her und essen es gestern.» Ein idealer Ort, um Ost und West auf einen Satz dem nicht existierenden Tourismus darzubieten. Wenn nur das Klima nicht wäre ... Die gleichgültige Natur ist mal nebelblind, mal aufgewühlt vom Nordwind. Laut Jacques Cousteau, dem französischen Meeresforscher, ist die Reise zu diesen Inseln eine der gefährlichsten der Welt. Jedes Jahr kommen dort Abenteurer um, die wie ich davon träumen zu sehen, wie Heute und Morgen sich küssen.

Meine Phantasie ging mit mir durch, aber ich wurde sogleich gebremst durch die russische Unwegsamkeit in der Luft. Von Moskau auf die Halbinsel Tschukotka fliegen zu wollen und von da weiter auf die russische Insel, war ein sinnloses Unterfangen. Es gibt keine feste Verbindung zu der Insel. Für einen Charterflug mit dem Hubschrauber wollten sie mir bei der Fluglinie von Tschukotka 5000 Dollar abknöpfen. Kurzum, ich beschloss, über Amerika zu fliegen. Mit Amerika kann man sich immer verständigen, wenn man sich als wissensdurstiger Reisender mit transparenten Absichten outet. Am anderen Ende der Welt, nach einer langen Reihe von E-Mails, winkte vielversprechend der Name Eric – der einzige Mensch auf der Welt, der jeden Mittwoch vom Festland auf die Insel Klein-Diomid fliegt. Vorausgesetzt, die Witterung spielt mit.

Das russische Amerika

Schon gegen Abend war ich in Anchorage, Wohnort der Hälfte der Bevölkerung und wichtigste Stadt Alaskas, die den amerikanischen städtebaulichen Standards einen Treueschwur geleistet hat. Die Stadt erobert mich mit ihrem intensiven russischen Birkengeruch und einem Meer von Gartenblumen in weißen Nächten, die geradewegs aus den Versen einer Gymnasiastin über St. Petersburg (das auf demselben Breitengrad wie Anchorage liegt) zu stammen scheinen. Alaska hat ein russisches Urgedächtnis an Schiffsoffiziere, die den hiesigen Bergen ihre Namen gaben und der aleutischen Venus im Pelz eine kreolische Nachkommenschaft schenkten. Und was haben wir jetzt? Ein paar orthodoxe Kirchen, ein Dorf von Altgläubigen und eine weibliche Armee von über alle Märkte Alaskas verstreuten, geschmuggelten Matrjoschki.

In Anchorage beginnt bei mir wieder die russische Krankheit: die Sehnsucht nach einer virtuellen Geschichte. Die Umgebung von Anchorage erinnert an den Finnischen Meerbusen bei St. Petersburg, nur dass hier die Natur in jeder Hinsicht schroffer und aufregender ist. Schneebedeckte Bergketten, die in Wolken übergehen, und Wolken, die so tun, als seien sie Berge.

«Und diese Landschaft könnte uns gehören», sagte ich zu Vic Fisher. «Ich kann mir gut vorstellen, wie wir sie zugeschissen hätten!»

Vic, ehemaliger Senator des Staates Alaska, Sohn des Autors eines berühmten Buchs über Lenin, lachte, war aber nicht meiner Meinung:

«Grundlose Nostalgie! Das Schicksal des ‹Russischen Amerika›, wie man bei Ihnen Alaska genannt hat, war besiegelt. Es stimmt, dass die Russen zunächst wirklich alles getan haben, um hier Fuß zu fassen. Übrigens haben hier zu keiner Zeit mehr als 800 Russen gelebt. Unter der Führung des russischen Generals Baranow haben sie Alaska in ein einträgliches kommerzielles Monopol verwandelt, aber ihre Politik war kurzsichtig und gnadenlos. Sie haben die einheimische Bevölkerung ruiniert und sie gezwungen, ihre Pelzwaren zu Schleuderpreisen abzugeben. Zudem haben sich die Russen eher für China als für Alaska interessiert, und schon Nikolai der Erste hatte ein recht abgekühltes Verhältnis zum Russischen Amerika. Mitte der fünfziger Jahre des 19. Jahrhunderts, während des russisch-britischen Krieges, trugen sich die Engländer mit dem Plan, Alaska zu erobern, und die Russen begannen mit dem Gedanken zu spielen, Alaska den eher freundschaftlich gesinnten Amerikanern abzutreten. Aber die hatten es mit dem Kauf nicht so eilig. Eigentlich brauchten sie Alaska nicht. Die Russen wurden nervös. Sie hatten nicht genug Geld für den Unterhalt dieser russischen Kolonie. Schließlich überredete der amerikanische Außenminister William Seward seinen Präsidenten, das Gebiet zu kaufen, 1867 wurde das Geschäft getätigt, und erst nahezu hundert Jahre später, im Jahr 1959, wurde Alaska ein Bundesstaat Amerikas.»

Das Leben nach dem Goldrausch

Der ehemalige Senator versorgte mich mit nützlichen Telefonnummern, und ich flog von Anchorage Richtung Nord-Westen, in die legendäre Siedlung Nome an der Beringstraße, wo zu Beginn des 20. Jahrhunderts der Goldrausch ausbrach. Während Anchorage noch ein richtiges McDonald's-Amerika mit heißen Sommern und langen Wintern darstellt, fühlt man sich in Nome bereits wie auf dem Mond.

Die ewige Polarsonne, die sogar nachts um zwei noch ihre sanften Stahlen verschenkt, beleuchtet eine verwüstete Stadt. An allen Ecken stehen und liegen wie überflüssiges Spielzeug eines groß gewordenen Kindes vorsintflutliche, rostige Dampfloks herum, Bagger, Seilwinden, Lastwagen – der «letzte Zug ins Nirgendwo» der Goldgräberpioniere.

Am Ufer der Meerenge, wo der Wind ein scharfes Messer ist, kann man fröhliche arme Irre aus verschiedenen Staaten sehen, die wie früher in Schüsseln den steinigen Boden waschen – auf der Suche nach ihrem festgefahrenen

Traum. Sie drückten mir beinahe mit Gewalt eine Schüssel in die Hand – eine besondere Art der Verführung. Als meine Hände vom Eiswasser schon steif gefroren waren, fand ich auf dem Grund der Schüssel zwei Goldkörnchen. Ich blickte mich um: Der tiefblaue Horizont war plattgedrückt, wie in einer kühnen Kameraeinstellung bei Eisenstein. Weiße Amerikaner mit Zigaretten zwischen den Zähnen bretterten in zerbeulten Jeeps unangeschnallt durchs unwegsame Gelände. Eine Provokation für Amerika, das versessen ist auf Sicherheit und nichts mehr hasst als das Rauchen. Einer von ihnen hieß Jim Stimpfle.

Ich traf mit Jim eine Verabredung und hatte den Hörer noch nicht ganz aufgelegt, als er auch schon in mein *Bed & Breakfast* gestürmt kam, mich von weitem auf Russisch grüßte und vorschlug, mich unverzüglich irgendwohin zu fahren, mir irgendetwas zu zeigen, mir gleich einen Autoschlüssel in die Hand drückte, einen Colt, Kaliber 47, und ein Säckchen Patronen, damit die Bären mich nicht zerfleischten. Der glatt rasierte, bebrillte Jim repräsentierte jenen Glücksfall eines fünfzigjährigen Mannes, der alles noch vor sich hat. Er überschüttete mich mit seiner Gastfreundschaft, war aber dabei so unaufdringlich, dass ich seine Ratschläge sofort akzeptierte – was ich später nicht bereute. Schon schleppte er meinen Koffer zur Tür, während er mir eine bessere Bleibe versprach, eine Vierzimmerwohnung gegen ein lächerliches Entgelt, und unterwegs verkündete er mir sein Credo hinsichtlich der Russen: Frieden, Freundschaft, Sex!

«Wieso Sex?»

«Sagen Sie bloß meiner Frau Bernie nichts davon – sie ist Eskimofrau und sehr eifersüchtig! Wir in Amerika wissen gar nicht mehr, was Fraulichkeit ist. Als ich das erste Mal auf Tschukotka war, da haben sie uns auf dem Flughafen empfangen und zum Essen gefahren. Gott! Die Frauen hatten geschminkte Lippen, trugen leichte Kleider und Schuhe mit Absätzen. Ich hätte am liebsten gleich alle auf einmal zum Tanzen aufgefordert – Russinnen, Eskimofrauen und Tschuktschinnen! Bei euch sind alle Frauen Schönheiten, sogar wenn sie nicht besonders schön sind! Und das Protokoll! Ihr seid ein Land des Protokolls! Ich habe mich bei euch gefühlt wie ein Grieche, der ins Römische Reich kommt, wo alle in festliche Togen gehüllt sind!»

Salat des Hauses

«Jim hat sein eigenes Produktionsmärchen – einen gigantischen Tunnel durch die Beringstraße zu bauen!», sagte Bernie, während sie ihren Haussalat aus jungen Blättern und Robbentran zubereitete. «Der reinste Blödsinn!»

«Und der Kochtopfmond, ist das etwa kein Blödsinn?», versetzte Jim.

«Der Russe wird mich verstehen!», nickte sie mir hoffnungsvoll zu. «Also, hören Sie weiter. Die Brüder wurden erwachsen und gingen mit ihren dicken Speeren in die Tundra. Es ist eine weiße Nacht, und sie sehen, wie viele Frauen und ein Mann in einer roten Rentierjacke beim Angeln sitzen. Der ältere Bruder sagt:

‹Komm, wir töten den Mann und nehmen uns die Frauen.›»

«Politisch nicht korrekt!», rief Jim.

«Der Ältere nahm seinen Bogen und begann zu schießen», fuhr Bernie fort. «Der Mann hüpfte auf und ab, und die Pfeile verfehlten ihn. Die Brüder bekamen Angst und liefen davon. Der Mann in der roten Rentierjacke holte sie ein:

‹Warum lauft ihr weg? Gehen wir zu mir.›

Bei sich zu Hause fragte der Mann in der roten Rentierjacke den Älteren, ob er eine Frau habe und schlug ihm vor, die Frauen zu tauschen.»

«Ein interessanter Vorschlag», bemerkte Jim.

Plötzlich spürte ich die verborgene Macht dieser Geschichte. Ich verstand bereits: Das war kein Märchen, sondern jener Archetypus eines Eskimolebens, dem Bernie an der Seite ihres amerikanischen Ehemannes treu blieb.

«Greifen Sie zu.» Bernie tat mir Salat und ein dunkelrotes Stück gedörrtes Robbenfleisch auf den Teller.

Ich probierte das Robbenfleisch – na ja, es ging so. Ich spießte etwas Eskimo-«Gemüse» auf die Gabel und führte sie zum Mund.

Mein Gott, mir wurde vielleicht blümerant! Ich wurde taub, blind, drohte zu ersticken. Der Robbentran klebte mir die Zunge fest. Ich konnte weder ausspucken noch schlucken. Ich verfluchte meine Neugier. Mir liefen die Tränen nur so herunter. Ich war nicht bereit für das Eskimoleben.

1989 wurde ein Abkommen über Visafreiheit für die Eskimos beider Länder unterzeichnet. In Nome bereitete man sich auf Touristen vor, richtete Russischkurse ein, die örtlichen Geschäfte begannen auch Rubel zu akzeptieren. Doch nach dem ersten Überschwang der Gefühle trat Abkühlung ein. Während es Anfang der neunziger Jahre noch jeden Monat vierzig Flüge der Alaska-Fluggesellschaft Bering Air nach Tschukotka gab, ist es heute nur noch einer. Warum?

Die heutige Lage der Dinge auf Tschukotka und in Alaska zu vergleichen, ist ebenso sinnlos wie ein Spiel zwischen einer zusammengewürfelten Elf von Straßenfußballern und einer Nationalmannschaft zu veranstalten.

«Der Umgang mit Russen ist schwierig», beschwerte sich Nancy McGuire bei mir, die Chefredakteurin der Lokalzeitung «The Nome Nugget». «Sie wollen, dass man mit ihnen Wodka trinkt, und dann rauchen sie so viel, dass man danach die ganzen Kleider in die Waschmaschine stecken muss.»

«Bringen Sie auch Nachrichten von Tschukotka?»

«Kein Platz. Wir haben auch ohne Russen genug Gäste – Japaner, Kanadier, Schweden.»

Nancy, amerikanisch korpulent und aufgequollen, aber mit einem nordisch frischen Gesicht, ist eindeutig gegen eine Annäherung an Russland. Die unverständliche Kultur schreckt sie ab, eine Gesellschaft, in der Erfolg verdächtig und Initiative allein vom Standpunkt der Moral sträflich ist. Die beiden großen Nationen sind allzusehr von sich selbst überzeugt und glauben, dass ihre jeweiligen Grundwerte die besten seien.

Der Krieg der Mentalitäten tobt auch in Nome. Die hübsche, süße Sascha T., die in einem Kindergarten in Nome als Erzieherin arbeitet, war mit einem amerikanischen Geschäftsmann verheiratet, der auf Tschukotka, in ihrem Heimatdorf Prowidenija (was «Vorsehung» bedeutet) einen Laden eröffnete:

«Sie können sich gar nicht vorstellen, wie schwer es ist, mit einem Amerikaner zusammenzuleben! Wir sind es gewohnt, sanft und empfindsam sein zu dürfen, wir mögen es, wenn man uns zärtliche Sachen sagt, und er hockt da, isst Suppe und schweigt. ‹Schmeckt's?› Er brummelt irgendwas und schweigt wieder. Und jeder in der Familie steckt sein Geld in den eigenen Geldbeutel und verheimlicht seine Einkünfte. Er hat mir sogar Benzingeld abgenommen, wenn er mich irgendwohin gefahren hat! Also wirklich, wie kann man danach noch zusammen ins Bett? Eine einzige Erniedrigung. Mal findet er, dass ich älter bin als gut ist, mal, dass mein Busen schief hängt. Und er sitzt in Bars, trinkt Bier und knutscht mit Eskimofrauen rum. Die sind leicht zu haben ... Auch im Bett sagt er nichts. ‹Fühlst du dich gut?› Schweigen. ‹Soll ich dich streicheln?› Schweigen im Walde. Wenn die Amerikaner unter Leuten sind, grinsen sie permanent, bei ihnen ist alles *nice*, und kaum kommen sie nach Hause, lassen sie richtig die Sau raus. Er hat schon mit Geschirr nach mir geschmissen und mich sogar in den Bauch geboxt – da haben Sie Ihr *nice* ...!

Und ich bin von ihm weggelaufen, hatte genug von diesen Demütigungen. Er war von den Socken, als ich ging. Er kam sogar mit Blumen an, wollte mich überreden, zu ihm zurückzukehren. Aber ich habe mir nur den Blumenstrauß angeguckt und gesagt:

‹Warum hast du so einen billigen Strauß gekauft? Du bist ein Schwächling!›

Männer drehen durch, wenn man sie schwach nennt. Er schleuderte den Strauß in die Ecke ... Aber dann kam er trotzdem immer wieder angeschissen. Ich bin nicht zu ihm zurück.»

Russen beichten mit verzweifelter Leichtigkeit, sie ziehen sich praktisch öffentlich aus.

«Wenn man mal in Amerika gelebt hat, gibt es kein Zurück nach Russland», fügte Sascha hinzu. «Hier wird man angesteckt vom Unternehmergeist, der in Russland immer noch eine Seltenheit ist. Ich möchte meinen eigenen Kindergarten aufmachen. Und ich habe hier Gott gefunden. Ehrenwort! Durch den Pastor. Er ist unverheiratet.»

In der Tür ihres bescheidenen Hauses erschien ein Mann, über den ich von Sascha schon allerhand gehört hatte – Nikolai Borissenko. Der Bergbauingenieur war von Tschukotka geflüchtet:

«Ich bin wie durch ein Wunder am Leben geblieben», gestand er. «Auf Tschukotka klauen alle. Und ich Pfeife bin ehrlich. Und nun sitze ich hier. Zuerst habe ich bei einer Gold Company gearbeitet, jetzt bin ich Taxifahrer. Haben Sie Lust, in der Nacht ein bisschen mit meinem Kleinbus herumzufahren?»

Die Nacht war stürmisch. In Nome trinken die Leute nicht schlechter als in Russland. Betrunkene Eskimofrauen, die Schuhe und Schmuck verloren und ihre Gesichtszüge nicht mehr unter Kontrolle hatten, verlangten von uns, sie von einer Nachtbar in die andere zu kutschieren, mal allein, mal in Begleitung von Männern. Als wir untätig im Wagen saßen, machte Nikolai Nome genauso nieder wie Tschukotka:

«Wissen Sie, worauf Nome gebaut ist? Auf Parasitentum! Die Föderalen Behörden erlauben den Eskimos, Meerestiere zu jagen, Vergünstigungen, wohin man blickt. Und die Eskimos verkommen, trinken, prügeln sich, nehmen Drogen, missbrauchen ihre minderjährigen Töchter – all das versucht man zu vertuschen, aus politischer Korrektheit, darüber schreibt man nicht. Die Eskimos leiern dem Staat ein Darlehen nach dem andern raus. Und die weißen Amerikaner scharwenzeln wegen der Gelder um sie herum. Manche heiraten Eskimofrauen; das ist, wie wenn man eine Kreditkarte heiraten würde!»

Im Morgengrauen kletterte ich wie vergiftet aus Nikolais Taxi. Wahrheitsliebende Russen haben so eine Eigenart, die Welt Schwarz in Schwarz zu malen. Ich verstand, warum Sascha den unverheirateten Pastor Nikolai vorzog.

Ein seltsamer Amerikaner

Ich trieb mich einige Tage ziellos in Nome herum und wartete auf den Flug zu den Diomiden, als ich den Besitzer des «Tschukotka Alaska Store» kennen lernte, Victor Goldsberry. Er verkaufte Gegenstände aus Walrosszähnen, Matrjoschki, alles Mögliche, und zum eigenen Vergnügen betrieb er Eskimo-Ahnenforschung. Er hatte sich in die Eskimo-Wirklichkeit so weit vertieft, dass er davon riesige schwarze Ringe unter den Augen bekommen hatte, eine langsame, zähe Sprache und den Glauben an den Schamanismus.

«Im Dorf Kotzebue», erzählte Victor, «ist vor einigen Jahren ein Schamane gestorben, der sehr verehrt wurde. Aber die Dorfbewohner behaupten, ihm immer wieder auf der Straße zu begegnen. Im Land der Eskimos ist alles möglich. Umso mehr, als die Eskimos viel durchgemacht haben und sich verteidigen müssen. Sie haben unter beiden Ländern gelitten, Russland und Amerika. Wenn auch auf verschiedene Weise. In der Sowjetunion hielt man Schamanen für ‹Klassenfeinde›, in Amerika für das mit dem Christentum unvereinbare ‹Böse›. Eskimotänze wurden in Russland als heidnische Relikte verfolgt. In Amerika haben Missionare die rituellen Masken zerstört. In den fünfziger Jahren war in der UdSSR das Studium der Eskimosprachen als Erscheinungsform eines bourgeoisen Nationalismus unter Strafe gestellt. In Alaska durften die Schüler ihre Muttersprache nicht benutzen, weil das als ‹unamerikanisch› galt.»

Nichtsdestoweniger hielten die russischen und amerikanischen Eskimos sogar zueinander Kontakt, als die Sowjetunion alle Grenzen dicht machte. Groß- und Klein-Diomid waren die einzige Ausnahme! Selbst zur Zeit des großen Terrors der dreißiger Jahre traf Stalin den paradoxen Beschluss, die Eskimos nicht in ihrem Leben zu behindern. Dennoch wurde 1948 auf Empfehlung Suslows die Grenze von einem Tag auf den anderen geschlossen. Die polare «Berliner Mauer» hielt bis zum Jahre 1989.

«Aber sogar, als die Grenze dicht war», bemerkte der allwissende Victor Goldsberry, «passierten außergewöhnliche Geschichten. In den siebziger Jahren ereignete sich eine Eskimoversion von Romeo und Julia. Das Eskimomädchen Martha Ozenna von Klein-Diomid verliebte sich in einen Soldaten der sowjetischen Garnison. Sie trafen sich heimlich auf der amerikanischen Insel. Ihre Eltern stellten sich der Liebe nicht in den Weg. Im Gegenteil, sie wollten den Soldaten kennen lernen. Zu Gast bei seinen neuen Freunden betrank sich der Soldat und tauschte seine sowjetische Uniform gegen amerikanische Fellstiefel und einen Pelzparka. Als es Zeit war, zu seiner Garnison zurückzukehren, war er dermaßen betrunken, dass er nicht mehr laufen konnte. Man setzte ihn in ein Schneefahrzeug und brachte ihn bis zum russischen Posten, bei dem er wie ein Stein in den Schnee plumpste. Auf der amerikanischen Seite wurde er nie mehr gesehen, und was aus ihm wurde, weiß man nicht.»

Jedenfalls ist seit diesem Vorfall auf Klein-Diomid der Verkauf von Alkohol verboten.

Falls es überhaupt so eine Phantasie gibt – Zerstreuung mit dem Tod, dann befragen Sie dazu am besten Eric Penitall. Dem schweigsamen Hünen Eric, einem ehemaligen Piloten der amerikanischen Luftstreitkräfte in Vietnam, ist es in der Luft noch nicht einsam genug. In seiner Freizeit baut er Hundeschlitten und saust Tausende von Meilen in der Polarnacht durch die Eiswüste von Nome nach Anchorage. Und mittwochs verbindet er die Insel Klein-Diomid mit den USA. Während des Flugs mit dem knallgrünen Messerschmidt-Hubschrauber, in dem nur für einen einzigen Passagier Platz war, nahm ich wohl oder übel an seinen Phantasien teil.

Der Hubschrauber stieg über den kahlen Hügeln auf und nahm Kurs nach Norden. Er flog an der Küstenlinie entlang und dann auf die Beringstraße hinaus. Uns packte der Wind. Wir waren eine Wiege, die über den Eisbergen und dem todbringenden Eiswasser hing, zwei menschliche Spielzeuge mit überdimensionalen Kopfhörern. Wir wurden dermaßen durchgeschüttelt und herumgewirbelt, dass ich plötzlich Erics Lebensprinzip durchschaute: die Droge des Risikos. Während des Flugs stellte ich eine einzige Frage:

«Wie war es im Krieg?»

Er drehte sich zu mir um und sagte:

«Gut.»

Der Hubschrauber wurde hin und her geschleudert, als wäre neben uns eine Rakete explodiert. Eric ging abrupt runter. Jetzt flogen wir knapp über der Wasseroberfläche. Wir waren ein Computerspiel zwischen Eisbergen, mit dem Unterschied, dass jeder von uns nur ein einziges Leben zur Verfügung hatte.

Eine Stunde später tauchten am Horizont die Inseln auf – zwei frisch gebackene Kuchen mit weißem Zuckerguss. Der eine länglich, der andere kleiner und oval. Der eine Nachtisch für die ganze Familie, den anderen konnte man allein verdrücken.

Beim Anflug auf das polare Backwerk verstand ich plötzlich, dass mitten im Ozean zwei riesige Länder zusammenkamen – das war die ungeteilte Einsamkeit zu zweit. An die Felsen der amerikanischen Insel schmiegten sich hügelaufwärts die Holzhäuser der Eskimosiedlung Inaliq – direkt gegenüber dem russischen NICHTS. Wir flogen mitten über der Meerenge zwischen den beiden Inseln, auf der Grenzlinie zwischen Ländern und Tagen und landeten auf einem kleinen Platz am Wasser, wobei wir die Möwen aufschreckten. Auf der russischen Insel war Eric noch nie gewesen.

Ich öffnete die Tür des Hubschraubers und fiel Bernies Onkel, der uns empfing, buchstäblich in die Arme. Patrick Omiak war der Eskimo-Älteste der Insel und nannte sich stolz *President of the Native Village of Diomede*, Kommandant von ungefähr 200 Einwohnern.

Schmeiß nicht mit Kötteln!

Die Wirklichkeit macht einen Spagat, wenn sie es mit Eskimos zu tun hat. Einerseits war Patrick Omiak ein gewöhnlicher Eskimo mit einem ledrigen Gesicht und amerikanischen Losungen:

«Mein Ideal sind Kultur und Freiheit», verkündete er ohne Umstände, als wir bei ihm zu Hause Tütenhühnersuppe mit Nudeln löffelten. Andererseits hieß er nicht einmal Patrick, sondern Tinari und war der geistige Führer des Stammes. In ihn waren Seele und Name des verstorbenen Führers der Eskimos von Tschukotka eingegangen:

«Auf Tschukotka hat mich sein blinder Sohn betastet und gesagt: Du hast sogar den Körper meines Vaters geerbt – du bist genauso mager.»

Die fünfjährige Enkelin von Tinari-Patrick, die sich zur Nudelsuppe an den Tisch gesetzt hatte, bekreuzigte sich und betete zum christlichen Gott. Jesus hing als Bild an der Wand über dem Büfett mit dem blau-weißen russischen Teeservice. Im Hause herrschten idealer Komfort – «Wir sind Teil des großen Amerika!», sagten der Kühlschrank, der Fernseher, das supermoderne Heizsystem – und eine für Eskimohaushalte typische Unordnung: Kleidung, Essen, Laken, alles wie Kraut und Rüben. Die andere, noch ganz kleine Enkelin, die mitten im Zimmer auf dem Töpfchen saß und Schokolade mampfte, begann die Schwester mit ihren Köttelchen zu bewerfen.

«He!», rief der Inselpräsident. «Hör auf, hier mit Kötteln rumzuschmeißen!»

Aber sie machte weiter und bekam vom Präsidenten was auf die Finger. Die Enkelin heulte, der amerikanische Fernseher ballerte, das Telefon klingelte, erhitzte Bengel rannten raus und rein und spielten Versteck. Die Gesichter der Jungen waren prähistorisch, sie ähnelten den breiten, erstaunten Schnauzen der Meerestiere, deren Felle überall im Dorf zum Trocknen aufgehängt waren. Die Jungen hatten seltsame physische Defekte an Augen, Ohren und Zähnen, als hätten sie die vom Überlebenskampf gezeichneten Gesichter ihrer Vorfahren geerbt. Bei all dem waren sie echte Amerikaner mit Shorts, weißen Socken und braungebrannten Beinen. Auf der Jacke des einen Jungen stand in großen Buchstaben NO FEAR. Die Jungen jagten einander durchs Dorf, durch Schnee und Tauwasser, durch die Bäche, die von den Bergen plätscherten, nicht mit hellem Geschrei, sondern einem geräuschvollen, dumpfen Atem, Eiswaffeln in den Händen – für sie hatte der Hochsommer begonnen. Es ist paradox, aber es gibt hier keinen Lehrer der Eskimosprache; sie können diese Sprache so gut wie nicht. Bald werden sie alle im gesamtamerikanischen Eintopf landen und sich darin als Mittelklasse auflösen.

Im Zentrum des Dorfes saßen bejahrte Eskimos auf einem großen Erdhaufen und stierten vor sich hin wie lebende Statuen. Durch das offene Fenster sah man die russische Insel. Patrick lächelte ironisch.

«Da, das Telefon.» Er sprach mit starkem Eskimoakzent, fließend, aber undeutlich, als hätte er den Mund voller Steine. «Ich kann nach Australien anrufen, aber nicht auf die Große Insel. Wenn was passiert, haben wir nicht einmal einen ‹heißen Draht›. Einmal ist da ein russischer Soldat von einer Klippe gestürzt und fast umgekommen. Die Russen riefen auf Kamtschatka an, die wiederum in Wladiwostok, die in Anchorage, die in Nome, und die bei uns; einmal durch die ganze Welt telefoniert, um den Jungen zu retten. Wir haben ein Boot hingeschickt und Eric gerufen – schließlich haben wir ihn gerettet.»

Patrick wurde ein wenig verlegen; ich sollte für die Landung auf der Insel hundert Dollar bezahlen. Wäre ich auch nur zu einem Viertel Eskimo gewesen, hätte ich gratis landen dürfen. Dies war der einzige Ort der USA, wo man aus Gründen ethnischer Zugehörigkeit für die Einreise zu zahlen hatte. Außerdem war es verboten, Einheimische zu fotografieren. Ich wollte mir eigentlich nur ein wenig die Siedlung ansehen, aber dies war kein Ort für einen Spaziergang. Schon den Berg hinaufzusteigen, wäre eine Expedition gewesen. Ich sah mich um: eine Kirche, eine Schule, eine kreisförmige Anlage zur Trinkwassergewinnung, ein Dorfpolizist und zehn Eskimos als Küstenwache. Man erwies mir jedoch eine große Ehre: Patrick brachte mich in das Haus des Ältesten; Moses Milligrock war nach patriarchalem Brauch für alle örtlichen Konflikte zuständig. Seine Frau hatte sich als kleines Mädchen im Jahre 1948, zufällig an dem Tag, als die Grenze geschlossen wurde, auf der Kleinen Insel befunden. Sie blieb mit ihrem Vater auf der amerikanischen Seite, die Mutter auf der sowjetischen. Der Älteste nahm Briefe und Postkarten der Verwandten von Tschukotka aus einer großen Schachtel:

«Uns geht es gut … Letztes Jahr ist Mama gestorben. Onkel Nikolai ist von der Jagd nicht zurückgekommen …» Zwischen den russischen Zeilen spürte man die Schwermut von Menschen, die nicht wissen, wie ihnen geschieht: Die Eskimos wurden nach 1948 gewaltsam von Groß-Diomid aufs Festland umgesiedelt.

Ungeachtet des Vertrages von 1989 hatte Patrick seine Verwandten auf Tschukotka viele Jahre nicht gesehen.

«Euer Gouverneur Nasarow hat sich verbarrikadiert!», regte er sich auf. «Die Zöllner in Prowidenija benehmen sich wie wilde Tiere. Vor kurzem wollten Zahnärzte aus Kanada ihre Ausrüstung mit nach Tschukotka nehmen, um Leute kostenlos zu behandeln. Von denen haben sie so irrsinnige Zollgebühren verlangt, dass sie stehenden Fußes wieder umgekehrt sind. Bei uns gibt es eine Geschichte über einen Riesen, der Berge verschob und sich dann hinlegte, um auszuruhen. Er schlief den ganzen Winter durch. Der Schnee deckte ihn zu. Im Frühling kamen die Tiere, und ein neugieriger kleiner Bär kletterte dem Riesen sogar ins Nasenloch. Der Riese nieste, und die Tiere flogen in alle Richtungen. Der Riese wachte auf, erhob sich, schlurfte davon. Die erstaunten Tiere sahen ihm lange nach … Das ist über Ihr Land. Man sollte dort nicht hinfahren.»

Ich hörte nicht auf den weisen Mann und schipperte Richtung «Morgen». Die tote Insel erwachte. Ein Boot junger Soldaten mit verwegenen Gesichtern.

«Haben Sie eine Einreisegenehmigung?»

«Ich komme nur für ein paar Stunden. Hier ist mein russischer Pass.»

Sie nahmen den Pass und ließen mich in ihr Boot umsteigen. Wir legten an und begannen, den Berg hinaufzukraxeln. Außer Atem erblickte ich die Garnison, einige niedrige Gebäude. Aus der Ferne sahen sie aus wie ein Hotel, aus der Nähe wie ein Viehhof.

«Grenzverletzung?», fragte der Hauptmann grußlos. «Dies ist eine Zone mit Sondervorschriften.»

«Das wusste ich nicht», log ich.

Kaum ist man in Russland, beginnt man unwillkürlich zu lügen, um sich das Leben leichter zu machen. Die Lüge ist das russische Lebensgleichgewicht wie die Balancierstange eines Zirkusakrobaten.

Der Hauptmann ging telefonieren, um über den «Vorfall» Bericht zu erstatten und ließ mich unter Bewachung zweier Soldaten zurück. Ich zog amerikanische Zigaretten hervor und bot sie ihnen an – sie schüttelten die Köpfe. Im Hof spielten ihre Kameraden mit nacktem Oberkörper Fußball zum Gebell von zwei Hunden. Es gab auf der Insel alles in allem fünfzehn Mann und zwei Hunde.

«Wo ist hier die Toilette?»

Sie führten mich auf den Hof zur Toilette, einem Bretterverschlag mit sechs Löchern in einer Reihe, darunter gähnte der Abgrund. Der Gestank war beachtlich, aber es gab Klopapier, hart wie Schmirgelpapier.

«Wie macht ihr das im Winter? Da friert euch doch der Urin ein, oder?»

Die Soldaten lächelten verschämt.

Ein Mädchen von ungefähr sechs Jahren in Strickmütze und braunen Winterstrumpfhosen, das dem Hauptmann so ähnlich sah wie die beiden Inseln einander, spielte mit Sand und Steinen. Die Russen mummeln ihre Kinder zu jeder Jahreszeit warm ein, und das nennen sie dann «sich um die Kinder sorgen».

«Woher kommst du?», fragte sie mich.

«Aus Moskau.»

«Und ich hab gedacht, aus Amerika.»

«In gewissem Sinne aus Amerika», gab ich zu.

«Und wie ist Amerika?»

«Amerika? Ich wusste nicht, dass du hier bist. Sonst hätte ich dir eine Barbie mitgebracht.»

«Nächstes Mal bringst du eine mit, ja?»

«Gut. Und was machst du da?»

«Ich grabe einen Tunnel.»

«Wohin?»

«Nach Amerika.»

«Katja!» Auf der Schwelle stand die Mutter. «Komm her.»

«Guten Tag», sagte ich.

Sie antwortete nicht. Der Hauptmann kam auf mich zu.

«Keine Verbindung mit Petropawlowsk-Kamtschatski. Sie müssen warten.»

Ich zog ein Buch aus meiner Jacke. Der Hauptmann verglich das Foto auf der Umschlagklappe mit meinem Gesicht. Er wollte es mir zeigen und fürchtete und hasste mich zugleich – all das hatte irgendwie etwas bürokratisch Homosexuelles.

«Gehen wir», sagte er.

Wir gingen in sein Büro, in dem eine große Karte der verblichenen UdSSR schief an der Wand hing.

«Also, was soll ich jetzt mit Ihnen machen?»

«Ich würde gern die Insel sehen.»

«Hier gibt's nichts zu sehen. Wollen Sie etwas essen?»

Wir betraten eine leere Kantine mit einer Filmleinwand.

«Wir haben nur alte Filme, über den Krieg gegen Hitler», schimpfte der Hauptmann. «Die haben wir schon hundert Mal gezeigt. Aber den Soldaten gefällt's.»

«Schlagen Sie das Buch auf.»

In dem Buch lagen hundert Dollar.

«Schreiben Sie mir eine Widmung rein», bat mich der Hauptmann plötzlich.

«Landen oft Hubschrauber bei Ihnen?»

«Militärgeheimnis», grinste er. «Wollen Sie einen Wodka?»

Ein Soldat brachte Tee, Schwarzbrot und einen Teller Pelmeni. Wir tranken einen Wodka.

«Es gibt hier einen Eskimofriedhof. Und eine Siedlung, die 1910 verhungert ist», sagte ich.

«Sworykin!», rief der Hauptmann.

Ein Leutnant kam herein, der aussah wie der junge Fidel Castro.

«Zeig ihm den Friedhof.»

Fidel und ich stapften, im Schnee versinkend, einen Pfad entlang. Die Holzkreuze auf dem Friedhof waren krumm und schief, wie es eben auf Dauerfrostboden nur sein kann. Es war windig, diesig, trübe.

«Sagen Sie bloß keinem, dass Sie hier bei mir waren», sagte der Herr der Insel, als er mir meinen Pass zurückgab. «Man kann nie wissen.»

«Nehmen wir an, ich hätte Sie nur geträumt. Aber warum öffnen Sie die Insel nicht? Die amerikanischen Eskimos lassen ausrichten, dass sie nicht mehr wissen, wo sie ihre grünen Blätter sammeln sollen.»

«Sie werden schon zurechtkommen! Richten Sie ihnen lieber aus, sie sollen damit aufhören, den Walrössern die Köpfe abzuschlagen, um die Stoßzähne zu verkaufen. Eine Barbarei ist das! Hier treiben vom Blut getränkte Eisschollen mit Walrossrümpfen ohne Kopf herum ...»

Am Ufer wartete das Boot auf mich. Ich kehrte in die warme Wirklichkeit Amerikas zurück.

Der Gouverneur

Der russische Übergang vom Kommunismus zum Kapitalismus gebiert Monster. Sich mit dem Gouverneur von Tschukotka zu treffen, war schwieriger als von Moskau nach Klein-Diomid zu fliegen. Ich hatte monatelang versucht, ihn zu erwischen, per Telefon, über alle möglichen Leute, und ich hätte ihn wohl nie zu Gesicht bekommen, wäre nicht der Zufall zu Hilfe gekommen. Ich saß neben ihm bei einer Radiosendung von «Echo Moskaus». Ein untersetzter Mann, war er überheblich und unsicher zugleich. Die jungen Rundfunksprecher tauften ihn wegen seiner Augen «Schützenpanzerwagen». Wir gingen in eine Bar. Alexander Wiktorowitsch, wieso haben Sie sich so verbarrikadiert? Warum führen sich die Zollbeamten auf wie die Berserker?

«Die Amerikaner kommen als Touristen und Ärzte verkleidet zu uns, um literweise Blut von der einheimischen Bevölkerung zu kaufen. Wir schnappen sie an der Grenze mit ihren Spritzen und Reagenzgläsern! Und jetzt haben sie auch noch angefangen, für irgendeine neue Sekte zu predigen, sie schicken uns Missionare, nehmen der Bevölkerung das Geld ab und pumpen es nach Amerika.»

Er setzte einen grimmigen Gesichtsausdruck auf. Mir fiel ein, dass Rosa, die russische Eskimofrau aus der Siedlung Tschaplipo, die jetzt in Nome lebt, mir erzählte, wie auf Tschukotka das Leben aufgehört habe: «Die Preise für einen Flug mit dem Hubschrauber sind ins Astronomische gestiegen. Die Schule haben sie geschlossen. Dann auch die Poliklinik.» Aber Nasarow verteidigt sich hartnäckig: «Ich wollte in Anadyr einen internationalen Flughafen bauen, um Geld ranzuschaffen! Aber die Militärs haben keine Genehmigung erteilt, aus strategischen Gründen! Wenn wir die Grenze öffnen, flüchten alle nach

Amerika. Weißt du noch, die Riesenschande von 1989? Wir haben ein Freundschaftsrennen mit Hundeschlitten von Tschukotka nach Alaska organisiert. Zwischen den Diomiden haben wir eine gelbe Grenzlinie aufs Eis gemalt. Gorbatschow und Bush haben Grußtelegramme geschickt. Wir Russen kamen in vier Hubschraubern angeflogen. Es gab Champagner – auf die Reisefreiheit! Wir haben's geglaubt und auch wieder nicht, egal, vielleicht klappt's ja. Und was war? Zwei Grünschnäbel von Journalisten sind gleich abgehauen. Wir dachten zuerst, sie hätten sich verlaufen, seien erfroren oder im Eis eingebrochen. Wir haben sie gesucht, zusammen mit den Amerikanern. Und nicht gefunden. Steif gefroren, sauer, ohne die Journalisten, sind wir wieder nach Hause geflogen. Am nächsten Morgen stellte sich heraus, die Amerikaner haben von Anfang an gewusst, dass sie abgehauen sind, haben uns aber nichts davon gesagt. Die Flüchtlinge hatten die ganze Nacht unter dem Schutz der USA im Dunkeln in der Poliklinik gesessen! Sie haben unser Fest platzen lassen! Solche Erniedrigungen können wir verdammt noch mal nicht brauchen! Das wirtschaftliche Gefälle ist viel zu groß für eine gleichberechtigte Zusammenarbeit. In Alaska haben sie Autobahnen, und bei uns geht ohne Geländefahrzeug gar nichts. Die Grenze öffnen, um neue Flüchtlinge hervorzubringen, Schmuggler, Banditen, damit die dann anfangen, die Einwohner von Alaska zu terrorisieren. Nein danke! Nicht, solange ich hier sitze! Sie wollen den Austausch von Menschen – aber ich brauche nicht noch mehr Leichen. Wir haben hier genug eigene.»

«Nikolai Borissenko, der vor Ihnen nach Nome geflüchtet ist, lässt kein gutes Haar an Ihnen. Unter Ihnen ist die örtliche Mafia außer Rand und Band geraten! Lassen Sie sie doch Abgaben zahlen!»

«Setz mal Borissenko an meine Stelle; glaubst du etwa, er wäre besser als ich? Die Staatsmacht in Russland ist wie eine tollwütige Kuh. Wenn du sie schon gesattelt hast, dann halt dich mit aller Kraft oben! Sonst ist alles im Arsch.»

«Jetzt verstehe ich, warum Sie in Alaska so unbeliebt sind», sagte ich.

Der Gouverneur kippte seinen Kognak hinunter:

«Was redest du da?», rief er empört. «Wieso unbeliebt? Der Ex-Gouverneur von Alaska war mein *friend*. Und der neue … Ich bin nach Anchorage geflogen, er hat mich auf dem Flughafen empfangen, wir haben Kaffee getrunken, und er hat gesagt: Ich muss los. Ich habe mich umgedreht und bin wieder abgeflogen. Eine solche Respektlosigkeit muss ich mir nicht bieten lassen.»

Wir sprachen über Rassenprobleme auf Tschukotka.

«Die hat es gegeben. Ich habe sie gelöst. Das ist mein größtes Verdienst. Mit den Eskimos ist es nicht leicht. Sie sind arrogant, sie halten sich für ein auserwähltes Volk. Die Amerikaner kaufen sich von ihnen los, und wir lassen sie arbeiten. Komm mal zu uns und sieh dir unsere Fischereiwirtschaft an! Vorbildlich!»

Der Gouverneur zog seinen schmalen Regenmantel an und knöpfte ihn zu. Die Knöpfe prangten wie Orden an seiner Brust.

«Und wie steht's mit dem Tunnel durch die Beringstraße?»

«Du kennst die Phantasien von Jim Stimpfle? Ein guter Mann, aber naiv wie alle Amerikaner. Den Tunnel gibt es in tausend Jahren ... Wie dem auch sei, komm uns mal besuchen!» Der Gouverneur schüttelte mir die Hand.

«Danke, ich komme bestimmt nicht», antwortete ich.

Der Mann in der roten Rentierjacke

«Na, wie waren die Inseln?», fragte Bernie.

Wir saßen im Dorflokal. Über der Beringstraße schossen Feuerwerkskörper in die weiße Nacht. Nome feierte 100 Jahre Goldrausch. Alle waren auf den Beinen. Morgens spielte ein schottisches Orchester, danach gab es Eskimotänze mit Tambourin. Victor, Jim, Bernie, deren Kinder, ich, sogar die Redakteurin Nancy – wir alle tanzten und verwandelten uns mal in Walfischfänger, mal in die Kinder eines Bären und einer Eskimofrau und bekamen Bärenohren.

«Schönen Gruß von Patrick», sagte ich.

«Danke. Wir haben Besuch», sagte Bernie. «Erkennst du ihn?»

Der Mann mit der roten Rentierjacke nickte mir zu.

«Gehören Sie zu dem Musikensemble?»

«Teilweise.»

«Halt!», erinnerte ich mich. «Das waren doch Sie, der

dem älteren Bruder vorgeschlagen hat, die Frauen zu tauschen. Und, was hat er dazu gesagt?»

«Er wollte nicht. Da habe ich ihn gleich getötet.»

«Warum diese Grausamkeit?», fragte Victor Goldsberry stirnrunzelnd.

«Wenn Töten der Höhepunkt der Rivalität ist», lächelte der Mann in der roten Rentierjacke versöhnlich, «dann ist das schön.»

«Ich verstehe Ihre Logik nicht», sagte Jim. «Bringen Sie uns noch ein Bier!», rief er der Kellnerin zu.

«Der jüngere Bruder fing an zu trainieren, um sich an mir für den Älteren zu rächen. Wir haben einen ganzen Tag mit Speeren gekämpft. Er wurde müde, aber gegen Abend brach er mir ein Bein. Ich stürzte und sagte, am Boden liegend: Nimm alle meine Frauen. Diese Frauen sind geraubt – manche kommen von den Sternen, manche sind von hier. Er nahm sich eine Frau. Aber ich nahm nur einen Kochtopf mit. Die übrigen Frauen schleuderte ich in verschiedene Richtungen. Ich verabschiedete mich und flog los. Dann wurde ich immer kleiner und kleiner …»

«Am Anfang sah man nur die Enden von Armen und Beinen und den Kopf», fuhr Bernie fort. «Dann nur einen weißen Flicken auf der Brust. Und den Kochtopf. Und er verwandelte sich in den Mond. Seitdem ist der Mond am Himmel.»

Europa an der Newa

St. Petersburg

Sie ist die einzige Stadt in Russland, in der die Menschen wissen, dass sie in Europa sind, an der Küste eines europäischen Gewässers, in dem nachts die Sonne versinkt, die Petersburg an jenen seltenen Tagen, wo sie am Himmel zu sehen ist, in ein zitronig nördliches Licht taucht. In den übrigen Wochen und Monaten glänzen die goldenen Kuppeln und Turmspitzen der einst imperialen Hauptstadt vom Regen oder sind in Nebel gehüllt. Möwen paaren sich mit Tauben. Das Petersburger Wetter reflektiert wie im klassischen russischen Roman des 19. Jahrhunderts, der zwischen Naturerscheinungen und menschlichen Charakteren eine hundert Pud schwere Assoziationskette bildet, das neblig regnerische Bewusstsein der Einwohner mit ihren seltenen sonnigen Gedankenblitzen. In die Gesichter der Frauen zeichnet die Feuchtigkeit der Stadt schamlos erotische Visionen, die in frühe Falten übergehen. Andererseits verwandeln die weißen Nächte im Juni und die schwarzen Tage im Januar Petersburg entgegen den Behauptungen vieler russischer Schriftsteller, die Stadt sei ein Trugbild mit verschwommenen Umrissen von Gegenständen und Gefühlen, in eine grafische Landschaft.

In Moskau fährt man, in Petersburg geht man zu Fuß. Moskau guckt, Petersburg sieht. Es ist das Auge Russlands. Dreihundert Jahre nach seiner Gründung ist Petersburg nach wie vor die einzige durchdachte Stadt des Landes, die einzige, die der ursprünglichen Idee entspricht. Damit endet die Beziehung Petersburgs zu seiner heutigen Einwohnerschaft. Die Stadt und ihre Bürger wetteifern insgeheim um die Vorherrschaft. Für die Stadt sprechen verflossener Ruhm, Mythen, Säulen, Paläste und Brücken; für die Einwohner die Möglichkeit, ihre Stadt endgültig zu verhunzen und eine historische Fata Morgana daraus zu machen. Ich kenne keine andere Stadt auf der Welt, in der sich Einwohner und Stadt so unähnlich sind.

Um es mit einem alten russischen Wort in seiner ursprünglichen Bedeutung zu sagen: Petersburg wurde seit den dreißiger Jahren des 20. Jahrhunderts mit «swolotsch» – deutsch etwa: «die Angeschleppten» – bevölkert, mit Menschen aus verschiedenen Orten, die hier angesiedelt wurden. Die moderne Bedeutung des Wortes «swolotsch» – «Gesindel» – hat ebenfalls ihre Daseinsberechtigung. Doch die Stadt wirkt dermaßen disziplinierend, dass sie das «Gesindel» zur Selbstachtung zwingt, was in Anbetracht des sowjetischen Bewusstseins dieser Menschen einem Wunder gleichkommt. Petersburg ähnelt einer alten Grande Dame, die, aus ihrem Palast in eine Kommunalwohnung umquartiert, im dunklen Treppenhaus von einem Haufen besoffener Kerle vergewaltigt, eigentlich den Zustand endgültiger Erniedrigung erreicht haben müsste. Doch die alte Dame erscheint zur allgemeinen Verwunderung morgens in der Gemeinschaftsküche und kocht auf dem eingesauten Gasherd echten Kaffee, dessen Duft sich in der ganzen Wohnung ausbreitet und sogar auf dem Klo in der Luft hängt. Die Umbenennung der Stadt in Leningrad – ein Versuch, ihr das Gedächtnis auszutreiben – hat sich als vergebliches Unterfangen erwiesen. Leningrad ist der Sarkophag Petersburgs. Leningrad ist eine Zwangsjacke, in die man Petersburg gesteckt hat. Die Stadt hat sich verschlossen, in sich zurückgezogen, nicht aber den Verstand verloren.

Petersburg ist ausdauernd wie eine Karyatide. Auf den Knochen von Leibeigenen erbaut, Zeuge der Gräueltaten der zaristischen und der sowjetischen Zeit, gewürgt von revolutionärem Terror und von deutscher Blockade, ist Petersburg in meinen Augen dennoch nicht Mittäter, sondern Opfer der Verbrechen. Da es nicht wusste, was es mit sich anfangen sollte, raffte es seine Säulengänge zusammen und gab sich als Museumsstadt aus, löste sich im Staub der Privatbibliotheken auf. Während meiner Schulzeit fuhr ich auf der Suche nach europäischer Bildung öfter nach Petersburg, ohne mir dessen so recht bewusst zu sein. In den Bücherregalen der kleinen Wohnung von Freunden meiner Eltern grub ich Nietzsche aus, in der Eremitage sah ich den «Tanz» von Matisse. Heute denke ich, dass mein Vater, geboren 1920 in Petersburg in einer bescheidenen kleinbürgerlichen Familie, den Geist Europas in sich aufgesaugt und bewahrt hat, ungeachtet seiner späteren sowjetischen Existenz. Käme er aus der Provinz, aus Tambow oder Perm etwa, hätte ich diese Zeilen vielleicht nie geschrieben. Meinen Leningrader Zeitgenossen habe ich indes nie über den Weg getraut.

Ich bin immer durch sie hindurchgegangen, als wären sie Phantasmagorien. Mir schien es, als habe «Piter», wie die Einwohner ihre Stadt liebevoll nennen, ihnen den letzten Saft herausgesaugt, um sich selbst zu erhalten. In der Petersburger Metro sah ich entsetzlich blasse Menschen, Tote, die unterwegs waren, um andere Tote auf dem Nachbarfriedhof zu besuchen. Matrosen, Kinder, Mädchen mit gefärbten Haaren – sie alle waren mit ihren blau geäderten Armen aus ihren Gräbern auferstanden, um mit der Metro spazieren zu fahren und dann wieder in ihre Särge zurückzukehren. Mit diesen gefärbten Blondinen Liebe zu machen, wäre mir vorgekommen wie Nekrophilie, wie eine raffinierte Perversion des Moskauers. Die Diskussionen der Leningrader Intelligenzia, mit dem Silbernen Zeitalter ebenso wie mit der bleiernen Sowjetzeit durch eine Nabelschnur verbunden, waren auf ihre Art ebenfalls nekrophil. Leningrad war außerdem einzigartig in seiner kulinarischen Anspruchslosigkeit. Man aß und trank dort dermaßen schlecht, dass man kaum von menschlicher Nahrung sprechen konnte. Die Stadt machte sich lustig über ihre Einwohner. Von lebenden Toten okkupiert, fühlte sie sich immer mehr bestärkt in der Vorstellung, für Touristen geschaffen zu sein – hauptsächlich für betrunkene Finnen.

Meiner Meinung nach glaubt die Stadt bis heute nicht, dass ihr der Name St. Petersburg zurückgegeben wurde. Sie ertrug ihre Leningrader Existenz so stoisch, dass sie regelrecht überrumpelt war. Sie war daran gewöhnt, dass sich Pioniere in den Palästen breit machten, die in Zirkeln Schach spielten und auf den Toiletten onanierten. Das Palastmobiliar war in den Hungerjahren verheizt worden. Die früheren Besitzer der Paläste waren ausgestorben. Der heutige Zustand der Stadt ist lächerlich und dramatisch zugleich. In der Stadt sprießen die Merkmale kapitalistischen Lebens. Die Maschine hat zu rotieren begonnen: Zuerst tauchten amerikanische Zigaretten und genießbare Wurst auf, dann Restaurants, danach Hotels und Reisebüros. Man begann die löcherigen Straßenpflaster zu reparieren, brachte die Gebeine der Zarenfamilie in die Stadt und bestattete sie feierlich, die Mädchen wollten plötzlich stolze Dollar-Prostituierte sein. An die Stelle der Dichter traten Händler und Banditen. Mit einem Schaudern erinnerte sich die Stadt der Macht des Geldes.

Die 300-Jahr-Feier hat der Stadt wie einem dürren alten Klepper die Peitsche verpasst. Nun galoppiert Petersburg Falconets Denkmal hinterher in eine unbekannte Zukunft. Die Bevölkerung spaltet sich in Schichten auf. Die einen bleiben Tote mit der heroischen Vergangenheit von Verteidigern der Stadt oder Veteranen des KGB. Behängt mit sowjetischen Orden und Medaillen, die heute auf Flohmärkten feilgeboten werden, gehen die Toten zu Paraden und halten die derzeitigen Machthaber für Verräter ihrer Jugend. Die anderen sind aufgewacht, haben reihenweise Wohnungen gekauft, Brillanten, Häuser. Die falschen Blondinen haben in den Boutiquen auf dem Newski Prospekt ihre ersten italienischen Schuhe gekauft und stöckeln auf ihren hübschen Beinen damit herum. Die Nähe zu

Europa hat den Charakter ursprünglicher Akkumulation angenommen.

Bei meinem letzten Aufenthalt in Petersburg habe ich mich in ein Boot gesetzt und bin über die Flüsse und Kanäle gefahren, unter den tief hängenden Brücken hindurch. Das Wetter war gnädig. Ich wollte herausfinden, ob sich eine Versöhnung der Stadt mit ihren Einwohnern abzeichnet. Die Rückkehr der Vergangenheit, die Wiederherstellung von historischer Gerechtigkeit und religiöser Moral, wovon die Stadtführerin auf dem Boot intelligent erzählte, während sie eine Papirossa qualmte – das ist das Versprechen von einem Sommergarten des Lebens. Die Linden dufteten. Die Paläste und Brücken erschienen mir an diesem klaren Tag sogar ein wenig selbstzufrieden. Die städtische Architektur erstrahlt wieder in ihrer Geometrie, ungeachtet der Torbögen, die vollgekritzelt in der kleinen Handschrift schreibwütiger Zeitgenossen ein trauriges Dasein fristen. Coole Blicke, wackelnde Ärsche. Nach Dauerparty aussehende Jugendliche knutschen offen auf der Straße und pinkeln ebenso ungezwungen in die Höfe. Ich weiß, all das ist Fassade, hinter der sich Lumpereien und Geringschätzung des Lebens verstecken und scharf geschossen wird. Aber die Stadt muss sich damit abfinden, dass ihr eine europäische Zukunft blüht, und die Menschen damit, dass sie der Stadt, in der sie wohnen, noch lange unwürdig sein werden.

Peter der Erste hat eine komplizierte Stadt im Sumpf erfunden. Hätte er um das weitere Schicksal der Stadt gewusst, er hätte sie wohl kaum erbaut. Da sie aber nun einmal existiert und ihre schlimmsten Zeiten womöglich schon hinter sich hat, werden die Kinder der falschen Blondinen, die sich ihre italienischen Schuhe auf dem Newski Prospekt bereits gekauft haben, wahrscheinlich ein sonnigeres Bewusstsein und weniger Nebel in den Köpfen haben, als es der Zusammenhang zwischen den Erscheinungen der Natur und dem Leben in der Stadt nahe legt.

Land des Feuers

Südafrika

Südafrika – das ist eine Metapher mit dem Klang einer Goldmünze. Wer reist schon in eine Metapher? Im Kopf besteht sie ohnehin, als alternative Realität. Wir haben unsere eigene geographische Metapher: Sibirien. Kein Ausländer, der nicht davon träumte, mit der Transsibirischen Eisenbahn zu reisen. Dabei ist es ein Wahnsinn, damit zu fahren; man tauscht den Traum gegen tagelange Eintönigkeit. Sibirien ist Frost, Südafrika ist Feuer. Uns alle hält ja das Heidnische geographischer Begriffe lebendig. Doch wer in der Kindheit Puppen aufgeschlitzt hat, um zu sehen, was drin ist, wer gern bei vollem Bewusstsein Metaphernkonserven öffnet – also all die bewussten Konquistadoren der im eigenen Kopf verborgenen Erscheinungen werden von einer Reise nach Südafrika entzückt sein. Auch ich fuhr mit dem Auto auf der transsüdafrikanischen Magistrale von Kapstadt nach Pretoria mit dem unbeschreiblichen Kitzel, den der Einbrecher verspürt.

Dass man in Südafrika auf dem Kopf geht, daran gewöhnt man sich sofort, vorausgesetzt, man denkt nicht lange darüber nach. Die Sonne geht im Osten auf, wandert rasch nach Norden – auch daran kann man sich wie an eine kosmische Auswirkung der linken Bewegung in diesem Land gewöhnen. Dass aber dieses berüchtigte Südafrika, die Wiege des Monsters Apartheid, gescholten in unseren diversen Prawdas, Russland dermaßen ähnlich ist, dass es wie ein Zwillingsbruder unseres Landes erscheint – das ist allerdings ein Kulturschock.

Was aber heißt «ähnlich»? Physisch ist Südafrika wie das Poster einer schönen Frau aus einer schicken Modezeitschrift. Alles an dem schmachtenden Weib ist sinnlich: die Beine, die Küste, der Busen, die Hügel Afrikas. Zudem ist Südafrika reich, rassig. Ins Auge springen die Wolkenkratzer in Kapstadt, die Schnellstraßen, die eleganten Villen, Restaurants für jeden Geschmack; Ehre und Gewissen Südafrikas sind seine Weine. Alles ist versorgt mit Gold und Diamanten. Aber je mehr man mit den Leuten beim Hummer- und Straußensteakessen ins Gespräch kommt, desto klarer wird, dass sie an «unseren» Problemen leiden. Dass sie im Grunde genommen genauso «arme Leute» sind.

Südafrika ist ein gefährlich heißes Pflaster. Da hält man in der Einöde an einer Tankstelle, um zu tanken, und kriegt von irgendeinem farbigen Exzentriker eine Kugel in den Kopf. Einfach so. Der strahlend blaue Himmel spannt sich faltenlos über der Zirkuskuppel, darunter fressen die wilden Tiere, die zuvor ihre Dompteure zerfleischt haben, das in Panik Richtung Ausgang stürzende Sonntagspublikum auf und sich gegenseitig gleich mit. Das meinen nicht nur die Fanatiker der süßen Vergangenheit. Hier wird jedes dritte Mädchen durch Vergewaltigung entjungfert. Berücksichtigt man, dass jeder dritte Schwarze mit HIV infiziert ist, dann bedeutet Vergewaltigung verzögerten Mord. Tagtäglich kommen Polizisten um; die Wahrscheinlichkeit eines gewaltsamen Todes ist für einen Südafrikaner acht Mal so groß wie für einen Amerikaner. Ein Zulu-Lied ist gerade in Mode: «Meine Mama freut sich arg, wenn ich einen Weißen schlag ...» Der Extremismus schwarzer Befreiungsbewegungen hat Südafrika nach dem biblischen Prinzip «Auge um Auge» in einen Ort der Rache verwandelt.

In so einem Land ist es gut, als Schriftsteller auf die Welt zu kommen. Nach Südafrika führten mich mein Kindheitstraum, einmal den Fluss Limpopo zu sehen, und ein Artikel in einer englischen Zeitschrift. Es ging um männlichen Lebensstil, für den der burische Schriftsteller M. als leuchtendes Beispiel galt. Als ich las, dass seine Autobiographie den Titel *Mein Verräterherz* trug, kam ich auf die Idee, mit meinem Doppelgänger zu verschmelzen. Nachdem ich mir im Moskauer Konsulat von Südafrika ein Visum erkämpft hatte, für das ich idiotische Schikanen hinnehmen musste sowie einen Vermerk im Pass, der mir verbot, der Lokalpresse Interviews zu geben, flog ich über London nach Kapstadt. Oft kommen wir unausgeschlafen mit dem Flugzeug irgendwo an, und unsere schläfrigen Impressionen präsentieren uns klar umrissen die neue Stadt als Gerüst des Traums. Mein morgendliches Kapstadt war die starke und sonnige Botschaft von der Freude des Lebens als Vogel: Die Vögel überzwitscherten alle anderen Geräusche und Eindrücke. So hat es sich denn auch in mein Gedächtnis eingegraben – als paradiesisches Vogelhaus der Papageien und Spatzen, als Antiapartheid am Himmel. Über der Stadt der dominierende, runde, traumhaft rotierende Tafelberg, gedeckt für ein teures Mahl mit einem Nachschlag aus menschlichen Einwohnern. Doch in der Lobby des Hotels *Victoria and Alfred* an der Uferstraße stutzte ich, als ich die enorme Anzahl von Security-Leuten wie vor dem Moskauer Hotel *Metropol* bemerkte: Die Stadt spielte verrückt. Nicht nur das Hotel, der ganze Bezirk an der Uferstraße mit dem historischen Hafen war umzingelt und bewacht – ein Reservat für arrivierte Weiße.

M. erwies sich als unzugängliche Berühmtheit. Wo war der russische Konsul? Dank ihm, der das Gesicht eines älteren, aber noch rührigen Odysseus hatte, war ich plötzlich umgeben von farbigen Geschäftsleuten, Galeristen, Playboys. Alle versprachen mir ein Treffen mit M., doch zuvor gaben sie Erklärungen zu Südafrika ab:

«Der Boykott hat einiges zur Verschönerung des Landes beigetragen. Er hat die Wirtschaft stimuliert, man hat angefangen, Eigenes zu produzieren.»

«Früher landeten in Kapstadt sechs Flugzeuge pro Tag, heute sind es neunzig.»

«Demnächst wird die Republik Südafrika nach Afrika abrutschen. Die Schwarzen fordern eine Umverteilung. Die ganze Hoffnung richtet sich auf AIDS.»

«Kap der Guten Hoffnung? Der portugiesische Entdecker hat es Kap der Stürme genannt, aber sein König hat auf Hoffnung bestanden.»

Da ich nichts zu tun hatte, fuhr ich mit dem Konsul zu diesem Kap. Ein Leuchtturm, eine Klippe, Nebel. Man kann aber auch wie Byron in Entzücken verfallen, den Phantasiestrom so konzentrieren, dass man die Fregatten und das ewige Eis der Antarktis vor sich sieht. Ich beschritt den dritten, bewährten russischen Weg – ins Restaurant. Allerdings nicht ohne zuvor die Kolonien der Pinguine mit rosa Augenbrauen besichtigt zu haben. Beim Tauchen unterscheiden sie sich nicht von Enten, aber wenn sie ans Ufer kommen, verwandeln sie sich in tolpatschige Tanzkavaliere.

Sich mit M. zu treffen, war schwieriger als mit dem Luschkow von Kapstadt, dem sehr schwarzen Bürgermeister, der von seinem hohen Posten einen ganzen Kübel Informationen zu Stadt und Land über mir auskippte. William faszinierte mich mit seinem unbegründeten Optimismus. Bei Kaffee und Keksen erzählte er mir lachend, dass die Hälfte der Schwarzen ohne Arbeit sei und aus dem kriminellen Zentrum der Stadt alle Zahnärzte geflüchtet seien. Doch besonders erschütternd waren für mich die in die Millionen gehenden Vergewaltigungen. Warum so viele?

«Der Schwarze muss sich selbst darstellen.»

Schließlich organisierte der Galeristen- und Playboyclan ein Abendessen: M. erschien, als jegliche Hoffnung, ihn je zu Gesicht zu bekommen, bereits geschwunden war, glatt rasiert und wichtigtuerisch, in einem gehrockartigen Mantel mit langen Schößen. Nachdem wir einander vorgestellt worden waren, bemerkte er, dass das Ende der

Apartheid meisterhaft von Moskau aus eingefädelt worden sei, durch einen Funktionär der Internationalen Abteilung des ZK mit einem Familiennamen auf einen Zischlaut. Nach dem Abendessen wechselten wir die Bars wie Cocktailgläser.

«Weißt du, was *jol* bedeutet? Das heißt Spaß haben. Das ist der Stil des hiesigen Lebens. Trinken, Joints, Sonne, Bumsen. Gelage zu Zeiten der Pest. Ich muss zu einer Lesung nach Jo'burg. Kommst du mit?»

Im roten Jeep mit Triumphatorschnauze quer durchs halbe Land nach Johannesburg. Wir rasen auf der Küstenstraße Richtung Osten, durch «weiße» Dörfer, strenge Kopien altholländischer Bauernhöfe mit Straußenherden (die Straußen erinnern in ihren Körperbewegungen an Stripteasetänzerinnen), bis wir auf das Kap stoßen, das den Atlantik vom Indischen Ozean trennt, den südlichsten Punkt Afrikas.

«David, mein Vorfahre, kam auf dem Seeweg und betrat dieses Stück Erde nicht als Besatzer, sondern als bescheidener Bauer. Hier gab es nichts. Später kamen Afrikaner aus dem Norden hierher, und David lernte eine einfache Wahrheit: Wenn du dem Schwarzen nicht den Stiefel auf die Brust setzt, reißt er sich los und beißt dir die Gurgel durch.» M. holt eine Flasche aus der Manteltasche: «Trinken wir auf die gemeine Rassenmystik.»

Je weiter nach Osten, desto weniger Holland, desto mehr Afrika. Die Küste ist bedeckt von Dickicht, übereinander getürmten Findlingen. Meterhohe Wellen brechen sich in schoßartigen Grotten von unerträglich zarter Farbe. Ein wilder Urmuttergeist liegt in der Luft. Es scheint, als habe genau hier, an diesem Ort, das Leben auf der Erde seinen Anfang genommen. Man fragt sich nur wozu. Wir fahren in Pulks von apathischen Menschen hinein. Sei gegrüßt, Déja-vu der Dritten Welt. Die Stadt Port Elizabeth liegt weit auseinandergezogen entlang der Durchgangsstraße als endlose Reihe von «schwarzen» Vorstädten: Kinder und Ziegen haben die Straße durchlöchert, in den Augen der Erwachsenen zehrende Schwermut – Depression pur.

«Erzähl mal, wie du die Weißen verraten hast», bitte ich ihn.

«Die Apartheid hat sich an eine Losung gehalten, die Orwell zur Ehre gereicht hätte. Sie erklärte alle Rassen als ‹gleich, aber geteilt› zu ihrem eigenen Vorteil. Schon in der Schule bin ich instinktiv zum Kommunisten geworden. Das hatte», lacht M. spöttisch, «sexuelle Folgen. Bei einem Tanzabend kam einmal eine schwarze Frau auf mich zu und lächelte im Suff ... In der Nacht klopfte ich an ihre Metalltür. Sie öffnete in einem Satinnachthemd, umarmte mich, und mir blieb von ihrem Geruch die Luft weg. Ich war aus tiefstem Herzen für die Schwarzen, aber diese Lippen küssen? Als Kommunist hatte ich Angst, sie zu beleidigen – und so küsste ich diesen bodenlosen Mund.»

Wir lachen, am schmutzigen Stadtstrand von Durban sitzend, dem Haupthafen Afrikas. Durban ist eine schäbige «Kommunalka» mit vielen Zimmern, Ecken, Rumpelkammern, Schmierereien an den Wänden, Taschendieben, Ratten, Lebensweisen, wo die Hindus unentwegt mit Essen herumhantieren und die Schwarzen sich mit Meerwasser-Kanistern von unglaublichen Ausmaßen abschleppen.

«Das trinken sie nach dem Essen», erklärt M., «um dann alles wieder auszukotzen.»

Von Durban fahren wir in die Berge. An den Hängen kleben große umgedrehte Tontöpfe. Als hätten Riesen sie nach dem Mittagessen ins hohe trockene Gras geschleudert. Das sind die runden fensterlosen Hütten der Zulu. Die Männer lungern mit Speeren und in Tierfelle gehüllt herum, die Frauen wackeln mit den nackten Brüsten, schnalzen mit der Zunge, dass es klingt wie ein Schnappschloss, und verständigen sich in einer wunderlichen Vogelmundart. Ihr ganzes Leben vergeht möglicherweise mit dem Warten auf Touristen, die aber nicht kommen wollen; das Warten zieht sich hin, und die exotische Bevölkerung ist müde geworden.

Ein Schlagbaum. Zulu werden hier nicht durchgelassen. Ein bewaffneter Wachmann – selbst ein Zulu – lässt seine Zähne blitzen, da er uns als Götter und Helden anerkennt. Und dann sind wir in Drakensberg, was Drachenberg bedeutet, wir stehen an der Auffahrt zu einem Luxushotel. Eine Oase vornehmen Urlaubslebens, ein Irrwitz stilistisch korrekter Apartheid – wie bei jedem ausgewachsenen Faschismus. Die Hotelfeen und überhaupt alle weißen Südafrikanerinnen zeichnen sich durch oberflächliche Freundlichkeit aus, unter der sich Härte und Intoleranz gegenüber der kleinsten Abweichung verbergen. Biegt man vom rechten Weg ab, steckt sich im Restaurant eine Zigarette an, ziehen sie schon den Revolver aus dem

Slip und eröffnen das Feuer, ballern einfach drauf los. Die Weißen – lediglich elf Prozent der Bevölkerung des Landes – sind stur und zum Nägelkauen verurteilt. Wenn man reist, wird unvermeidlich der Barkeeper zur wichtigsten Figur. Sein Name ist Hans.

«Die Apartheid ist ein Horrormärchen!», sagt er, während er mir südafrikanischen Wodka der Marke Puschkin eingießt. «Irgendwann muss mal die Wahrheit gesagt werden. Die schwarzen Kellner haben keine Ahnung, wie man Bestellungen aufnimmt.»

Wir rufen nach einer älteren Kellnerin mit dem dunklen Gesicht einer Van Goghschen Bäuerin und bestellen jeder ein einfaches Abendessen. Sie hört mit ernsthaftem Gesichtsausdruck zu und serviert uns dann alles durcheinander.

«Sind sie dumm, oder was?», frage ich M.

«Im Busch sind sie absolut nicht dumm», antwortet er trocken.

Unser Weg führt uns auf ein Polizeirevier. Nach der Universität hatte M. bei der progressiven Zeitung «Star» als Kriminalreporter gearbeitet, und bis heute hat er im ganzen Land Beziehungen zur Polizei. Auf dem Revier freuten sich alle über sein Erscheinen.

«Da ist ja unser lieber Schriftsteller! Wirf doch mal einen Blick in die Leichenhalle, wir haben da was für dich. Und du, was bist denn du für einer? Russe? Kalaschnikow, AK-47! Ha-ha! Welcome!»

Auf einem Zinktisch liegt der Körper eines zehnjährigen schwarzen Jungen. Seine Finger und Genitalien sind abgeschnitten. Ein «Muti»-Ritualmord. Die Voodoos brauchen menschliche Körperteile für ihre Zaubereien.

«So benehmen sich deine schwarzen Freunde», sagt der Polizeichef freundlich zu M.

Wir gehen auf die Straße hinaus, um zu rauchen.

«Damit ich nicht in einer rassistischen Armee dienen muss, bin ich in die USA abgehauen», sagt M. «Die Amerikaner haben nicht die Bohne von dem kapiert, was sich in meinem Land abspielt. Jedenfalls konnte ich ihnen nicht erzählen, wie ich zum Verräter der Schwarzen geworden bin. Im Juni 1976 kam es zum Aufstand. Ich war auf ihrer Seite – wir waren ja eine Sportnation. Aber dann ... Stell dir vor, da rennt irgend so ein *Kaffir* auf den Straßen einer weißen Stadt mit einer Axt herum, brüllt ‹Afrika! Afrika!› und haut irgendwelchen Passanten den Kopf ab.»

«Also bist du jetzt gegen alle?»

«Außer gegen die Tiere. Schon mal was vom Krüger Nationalpark gehört?»

Wir hielten in einem Zeltlager für junge Ranger. Die Savanne, von einem Drahtnetz umzäunt, hat die Größe eines kleinen europäischen Landes und könnte gut und gern Mitglied der UNO werden, um die Rechte der Tiere weltweit zu verteidigen. Du fährst mit dem Auto herum, schaust dir die Giraffen an, die Zebras, Elefanten, Nashörner, Löwen – und alle entsprechen ihren Beschreibungen (außer vielleicht den Giraffen, die noch schöner sind als in allen Beschreibungen). Sie scheinen sich hier zu Hause zu fühlen, sind gesund und gucken neugierig. Doch nein, mal sind sie gar nicht zu sehen, mal sind es ganz viele, je nach dem besonderen Zeitplan deines eigenen Bewusstseins. Du wartest auf sie – sie laufen dir nicht über den Weg (außer Kleinkram wie Antilopen), du vergisst sie – da tauchen sie unerwartet auf, besonders nachts. Kurzum, sie leben eher in dir selbst, und von Zeit zu Zeit kommen sie über dich wie eine Halluzination. Außer wilden Tieren gibt es in diesem grenznahen Park auch Flüchtlinge aus dem benachbarten Mosambik. Da die Staatsgrenze hier von den Tieren selbst bewacht wird, werden die Flüchtlinge, die sich vor den Folgen des Sozialismus in Sicherheit bringen wollen, nachts zur leichten Beute der Raubtiere. Die blutbefleckte Kleidung der Mosambikaner hängt in den Bäumen wie Weihnachtsbaumschmuck.

«Zufrieden? Zeit, nach Jo'burg zu fahren. Aber zuerst – in die Hölle.»

Natürlich ist Johannesburg kein Küsten- und Kapitäns-Kapstadt, sondern ein großer Haufen Stacheldraht, der als Warnung aus Stahl-Efeu auf den Zäunen der weißen Bezirke wuchert. Aber wenn es auf der Erde eine Hölle gibt, dann ist das Soweto, die Trabantenstadt der Schwarzen. Zugegeben, M. ist froh darüber, dass dort kürzlich Telefonzellen aufgestellt wurden, aber keine Macht der Welt kann die Millionen von Baracken hinwegfegen, in denen die Menschen wenn auch nicht körperlich, so doch mit Blicken aneinander geraten. Diebe werden an Pfählen aufgehängt; die sich den Weißen verkauft haben, werden mit Petroleum übergossen und verbrannt. In den ländlichen Gebieten kommt es vor, gesteht M., dass die verkohlten Überreste der Feinde gegessen werden.

An demselben Abend leitet M. eine Versammlung zur Unterstützung der Liberaldemokratischen Partei. Das Publikum, aufgeklärte Nachfahren der Buren, die sich «Neue *Afrikaaner*» nennen, macht gern Urlaub in Europa, sammelt Gemälde und schätzt M. – den «bösen Buben der neuen Burenliteratur». Der Schriftsteller sagt ihnen, dass sie widerlich seien: Schon das Wort «*Afrikaaner*» sei Synonym für geistige Zurückgebliebenheit und sittlichen Verfall. Die «Neuen *Afrikaaner*» begrüßen ihn mit großem Applaus. M. kommt auf mich zu, mit eisigem Blick und schweißnassem Hemd.

Südafrika hat eine sperrangelweit offene Zukunft wie Russland. Nur wenige Länder der Welt können sich einer solch poetischen Unvorhersagbarkeit rühmen. Die «*Afrikaaner*» werden durch die Klasse der «neuen Afrikaner» abgelöst – das sind schwarz angesprayte «neue Russen» mit den gleichen fingerdicken goldenen Ketten um den Hals. Sie werden von den Jungs aus unserer Botschaft in Pretoria, die sich ihren Rassismus noch nicht recht abgewöhnt haben, spöttisch beäugt. Die Diplomaten organisieren für mich eine Veranstaltung in der Universität von Pretoria. Ich soll in eben jenem Pretoria auftreten, der globalen Metapher für das absolute Böse? Ist das nicht alles ein Blödsinn? Mit dem gleichen virtuellen Erfolg könnte ich vor den Brüdern Karamasow auftreten. Ich stehe in der Mitte der kleinwüchsigen Hauptstadt, die immer noch glatt ist wie ein gepflegter Po, bei weitem ungefährlicher als Jo'burg, bis heute dem Garten Amerika ähnlich, wie er aussähe, wenn die Südstaaten gesiegt hätten. Wird das

Land des Feuers die Hauptstadt jetzt verschonen? Das Land des Feuers der Selbstverbrennung oder der Läuterung? Das Land des Feuers ist bereit, bis auf den Grund niederzubrennen.

«Du musst entschuldigen», sagt M. müde, «dass ich dir den Limpopo nicht gezeigt habe. Der Limpopo ist kein schöner Fluss und außerdem elend weit im Norden. Dahin zu fahren, ist mir zu anstrengend.»

Mein Kindheitstraum ist geplatzt. Dabei wollte ich so gern, dass sich in Südafrika für mich ein Kreis glücklich schließt.

D'Anthès' Rehabilitierung

Elsass

Im alten Soultz kam ich gegen drei Uhr nachmittags an, zu der Stunde, wo die Franzosen gerade ihr «zweites Frühstück» beenden und mit Holzzahnstochern im Mundwinkel aus den Restaurants kommen. Im Unterschied zu Obernai oder Colmar ist Soultz ein halb ausgestorbenes, abgelegenes und ziemlich armes Städtchen im Elsass. Während ich für meinen neuen silbergrauen Audi mit deutschem Kennzeichen auf dem Hauptplatz neben der unansehnlichen katholischen Kirche zwischen den französischen Kleinwagen einen Parkplatz suchte, registrierte ich die neidischen Blicke der Einheimischen.

«Wo ist denn hier das d'Anthès-Museum?», erkundigte ich mich bei einem dieser Neidhammel mit der grob geäderten Nase eines Liebhabers trockener Weine.

Unfreundlich machte er eine Handbewegung in die richtige Richtung. Fünf Minuten später betrat ich das Museum. Ich spürte, wie mich die Blicke von zwei französischen Mädchen durchbohrten, die in blauen Kniestrümpfen breitbeinig auf einer Bank saßen und Eis schleckten. Nachdem ich bei einer dunkelhaarigen Museumsangestellten eine recht teure Eintrittskarte gekauft hatte, kam ich rasch zu der Einsicht, dass das Museum nur zum Teil mit d'Anthès zu tun hatte. Im Erdgeschoss war die Heimatkundeabteilung untergebracht, im zweiten Stock irgendeine israelische Ausstellung, die ich mir nicht ansah; den ersten Stock immerhin belegte d'Anthès mit seiner Familie.

Als erstes sprang ein überdimensionales Porträt der Baronesse de Heeckeren d'Anthès, geborene Jekaterina Nikolajewna Gontscharowa, ins Auge, im Ballkleid mit Lorgnette, gemalt im Jahre 1841 von dem mittelmäßigen Künstler Henri Beltz. Hier wurde auch gleich darauf hingewiesen, dass sie d'Anthès am 10. Januar 1837 geheiratet hatte. Puschkin duellierte sich mit ihm auf dem Höhepunkt seiner Flitterwochen. Nach dem Porträt zu urteilen, war Jekaterina eine nicht besonders hübsche, langnasige Brünette mit dünnem Haar. Allerdings hatte Beltz ihrem Porträt, dessen Hände ihm schlecht gelungen waren, recht üppige Brüste zugedacht; nichtsdestoweniger wirkte Jekaterina verloren und unbestimmt, und in ihren Augen stand die Frage geschrieben: Was tue ich hier? Würde man heutzutage so eine Jekaterina im Bikini an den Strand von Koktebel schicken, müsste sie wohl den ganzen Sommer, den Blick romantisch auf die Bucht gerichtet, mutterseelenallein dort sitzen, es sei denn, ein einheimischer tatarischer Draufgänger mit Goldzähnen würde sich nach vorherigem Genuss eines Cocktails namens «Tatarentraum» (zu gleichen Teilen Wodka und weißer Portwein) für ihre weiße nordische Haut begeistern und sich ihr nähern. Neben dem Porträt stand schwer an die Wand gelehnt die marmorne Grabplatte Jekaterina Gontscharowas, voller Sprünge und irgendwie überflüssig, was mich einigermaßen beunruhigte: Es schien, als habe das Jüngste Gericht schon stattgefunden und die Toten seien aus ihren Gräbern gestiegen. Auf der Suche nach einer Antwort sah ich mich unwillkürlich um, und sofort steuerte die dunkelhaarige Museumsangestellte auf mich zu, die auf höchst verdächtige Weise Jekaterina Nikolajewna ähnlich sah.

«Möchten Sie eine Führung?»

«Umsonst?», knurrte ich.

«Sind Sie Russe?»

«Wie kommen Sie darauf?»

«Sie sehen aus wie Puschkin.»

«Wieso das denn?»

«Sie haben einen ausdrucksstarken Blick.»

«Ist mir neu.»

«Alle Russen sehen aus wie Puschkin.»

«Ich gehe wohl lieber allein ein bisschen herum.»

Georges d'Anthès wurde in zwei Varianten präsentiert. Mit einem schmeichelhaften jungen Profil als Scherenschnitt, der tiefschwarz war und somit seine Rolle in der russischen Kultur widerspiegelte. Die andere Darstellung von d'Anthès war fotografisch. Lieber Gott, im Alter war d'Anthès Turgenjew wie aus dem Gesicht geschnitten!

«Nicht wahr, er sieht aus wie Turgenjew, und sein Name, erinnert er nicht an Dante?», erklang wieder die Stimme der dunkelhaarigen Angestellten.

«Bei Ihnen hier sehen alle wohl irgendjemandem ähnlich», murmelte ich verärgert.

Sie verstand meine Worte als Ermunterung, ein Gespräch zu führen.

«Hier sehen Sie die Kopie eines anonymen Briefs, der Puschkin berechtigt, vollwertiges Mitglied und Geschichtsschreiber der Gesellschaft der Gehörnten zu sein.»

In demselben Schaukasten war aus irgendeinem Grunde die französische Ausgabe der *Gabrieliade* aus dem Jahre 1924 ausgestellt, das einzige Buch von Puschkin im ganzen Museum, und mir fiel unwillkürlich eine Zeile daraus ein, die an den Grundfesten der Kirche rüttelt:

«Es gibt keinen Zeus. Wir sind klüger geworden …»

«Eine Anspielung?»

«Der Baron war streng gläubig. Puschkin war der einzige Mensch, den er getötet hat. Es ist nicht ausgeschlossen, dass der Baron ein Instrument der Vorsehung gewesen ist. Ich habe Beweise, dass Puschkin ihm dafür dankbar war.»

«Was reden Sie da!» Ich konnte nicht an mich halten. «Ich bin nicht zufällig hier. Ich habe von meiner hochgebildeten Frau Mutter den Auftrag erhalten, auf das Grab von d'Anthès zu spucken.»

«Dann komme ich zu Ihnen, um auf Ihre Gräber zu spucken», versetzte lachend die Museumsangestellte.

«Der Friedhof wird bald geschlossen. Ich muss mich beeilen.»

Ich betrachtete zwei bekannte Farblithografien Puschkins, die neben Jekaterina Gontscharowas Porträt hingen, zwinkerte ihnen unauffällig zu und setzte mich Richtung Ausgang in Bewegung. Auf der Treppe hielt mich die Museumsangestellte an.

«Schreiben Sie etwas ins Gästebuch.»

Ich lehnte zunächst ab, doch nach kurzem Nachdenken schrieb ich dann ohne Eile mit großen Buchstaben auf eine leere Seite:

«Sau!»

«Sau!», las sie russisch mit fröhlichem Akzent. «Dank den russischen Touristen haben wir hier angefangen, Russisch zu lernen. Gucken Sie mal, was die alles so schreiben.»

Ich war nicht originell. Das Gästebuch war voller russischer Empörung. «Wir sind aus tiefster Seele bestürzt über Ihren verbrecherischen Schuss!», schrieben Studenten aus Archangelsk. «Schande über den Mörder unseres Ein und Alles!» – ein Dichter und Konzeptualist aus Smolensk. «Warum?» – die französisch-russische Gesellschaft. Neben zahlreichen «Sau!» gab es da noch «Wichser!», «Schwule Sau!», «Arschloch!» und sogar «Faschist!».

Inspiriert verließen wir das Museum und gingen zu meinem Auto.

«Es kommen jedes Jahr mehr und mehr russische Touristen. Als ob sich eine Schleuse geöffnet hätte. Ganze Busladungen. Sie feiern in den Restaurants und rezitieren Puschkin. Das kurbelt die hiesige Wirtschaft an, und jetzt denken wir über Partnerschaften mit Pskow und dem Freiluftmuseum in Michailowskoje nach.»

«Das werden Sie kaum erleben», sagte ich.

«Und ob», nickte sie optimistisch.

«Wie heißen Sie? Agnès? Schön, Agnès», sagte ich, «das russische Volk hasst d'Anthès, wie Sie sehen.»

«Deshalb ist er wohl auch der berühmteste Franzose in Russland, zusammen mit Alexandre Dumas. Stellen Sie sich vor, Sie hätten im ehrlichen Duell Louis Aragon erschossen, dann wären Sie in Frankreich auch berühmt.»

«Blödsinn! Was soll ich mit seiner Elsa Triolet?», sagte ich angewidert.

«Warum haben die Russen neuerdings so gute Autos?», fragte Agnès, während sie in den Audi einstieg.

«Wir arbeiten viel.»

«Rue d'Anthès», verkündete Agnès stolz und zeigte auf das Straßenschild an der Kreuzung.

«Das werden wir klären; die Straße wird umbenannt», bemerkte ich.

Auf dem Weg zum Friedhof machten wir einen Abstecher zum Familiensitz der d'Anthès. Wir hielten an einem finsteren grauen Gebäude, das leer und schon lange vernachlässigt aussah. Im Park wuchsen riesige Bäume. Nur in einem Flügel des Palastes war Licht in den Fenstern eines neuen Restaurants mit dem Namen *Puschkin*.

«Echt lustig», sagte ich zufrieden. «Und wo sind die d'Anthès?»

«Verarmt und ausgezogen. Behalten Sie diesen Palast gut im Gedächtnis», sagte Agnès. «Hier hat sich Puschkin mit d'Anthès getroffen.»

Ich sah sie an wie eine Verrückte, und ihre Ähnlichkeit mit Jekaterina Nikolajewna berührte mich plötzlich unangenehm. Einen Moment lang zweifelte ich sogar daran, ob es richtig sei, mit ihr zum Friedhof zu fahren, aber ich kannte den Weg nicht und fürchtete, mich zu verfahren.

«Ihr Russen», sagte die Angestellte des städtischen Museums, «liebt es, alle zu hassen. So wie ihr den Zaren gehasst habt, Jesus Christus, Trotzki, Tito, unseren De Gaulle, Millionen von Volksfeinden und schließlich Stalin – und nun? Ihr mit eurer großzügigen slawischen Seele habt alle rehabilitiert und tragt jetzt alle auf Händen. Es ist an der Zeit, auch den guten Baron Georges d'Anthès zu rehabilitieren. Er ist der Wohltäter unserer Stadt. Er war ihr bester Bürgermeister, so einen hatten wir nie wieder und werden wir nie wieder haben. Er hat die alten Häuser restauriert und die Kanalisation gelegt.»

«Gottes Wege sind unergründlich!», rief ich aus. «Aber wozu musste er nach Russland kommen, wo doch hier die Kanalisation auf ihn wartete?»

«Wie? Er war ein junger Dissident, der die Ergebnisse der Revolution von 1830 nicht akzeptieren wollte und mit Protektion seiner Tante unter die schützende Hand des russischen Zarenhofes emigriert ist. Puschkin hat sich in einem Brief an den Vater positiv über ihn geäußert. Er war schön und klug, beherrschte die Feder nicht schlechter als den Degen ...»

«Hören Sie auf», sagte ich.

«Wir sind da», sagte Agnès.

AUCH FÜR HUNDE AN DER LEINE IST DER ZUTRITT VERBOTEN, verkündete ein Schild.

Natürlich ist das Elsass schön, und ich verstehe, warum die Deutschen bis heute hierher kommen und Tränen über das verlorene Gebiet vergießen, wo bis heute alle Städte deutsche Namen haben und die Bevölkerung

Deutsch nicht schlechter als Französisch spricht. Schön ist das Rheintal voller Weinstöcke, schön sind die sanften grünen Hügel, die mit murmelnden Bächen in den Rhein fließen, schön sind die Landstraßen, Viehweiden, Bauernhöfe, schön ist kurz vor Sonnenuntergang der Himmel über dem Kopf. Auch der Friedhof, auf dem wir uns wiederfanden, war auf elsässische Art schön. Bescheiden und elegant, ohne Schnickschnack, voller geborstener, moosbewachsener Steinkreuze, auf denen Spinnen herumkrabbelten. Abgesehen vielleicht von dem französischen Artilleristen, der unter einem Monument begraben werden wollte, das eine große alte Kanone mit Griffen darstellte – eine Konstruktion, die eher auf den Moskauer Neujungfrauen-Friedhof gepasst hätte. Aber sonst stand alles im Zeichen einer stillen, welken Trauer. Ich malte mir in meiner Phantasie sogar ein würdiges Grab für den Feind Russlands aus, geschaffen mit den Geldern der dankbaren Stadt, und ich war verdrossen über sein postumes Wohlergehen, als Agnès mich zu einem ziemlich seltsamen Friedhofsghetto führte.

Ja, so würde ich es sagen: Ein Ghetto, obwohl es in dieser Ecke des Friedhofs nichts Jüdisches gab, aber da war eine stark ausgeprägte Abgrenzung gegenüber allem andern. Während alle Gräber auf diesem christlichen Friedhof, wie es sich gehört, west-östlich, in Richtung Erlösung zeigten, lag die Familie d'Anthès in einem Dutzend gleichartiger Gräber, die einem gemeinsamen Grab der VERDAMMTEN glichen, mit dem Kopf nach Norden. Neue marmorne Grabplatten und niedrige marmorne

Kreuze, errichtet über den d'Anthès, die offensichtlich in den sechziger Jahren nach dem Ruin der Nachfahren umgebettet worden waren, standen wie absichtlich schief, als ob sich irgendjemand darunter lange hin und her gewälzt hätte und dies noch immer täte, und überhaupt erinnerten sie mich an von Kinderhand gefaltete Papierschiffchen, die man in den Frühling geschickt hatte, unklar von wo und wohin. Unter diesen Standardgräbern fand ich mühelos das Grab von Georges und nicht weit entfernt das von Jekaterina Nikolajewna, die bei der Geburt ihres vierten Kindes am 15. Oktober 1843 gestorben war. Dort war auch das Grab des «schamlosen Kupplers» – des holländischen Gesandten, den Puschkin in seinem Skandalbrief buchstäblich durchlöcherte. Auf dem Grab Jekaterina Nikolajewnas lag eine kleine bemalte schmiedeeiserne Rose, die es übrigens kaum verschönerte.

«Warum spucken Sie denn nicht?», fragte Agnès spöttisch.

«Sie sind auch so schon VERDAMMTE», sagte ich.

«Haben Sie das gespürt?», fragte Agnès erschrocken.

Mir wurde erneut seltsam zumute, und ich wandte mich ohne eine Antwort den Friedhofstoren zu. Die Sonne ging unter. Es war Mai im Elsass.

«Verstehen Sie jetzt, warum man d'Anthès rehabilitieren muss?» Agnès stieg ins Auto ein.

«Ich bin sicher, er wird bald von Russland den goldenen Heldenstern bekommen. Essen wir bei *Puschkin*?»

Agnès schwieg. Ich bestand nicht darauf. Es war höchste Zeit für mich, aus dieser Einöde nach Paris zurückzukehren. Keine kurze Reise. Ein Franzose hatte mir einmal erzählt, d'Anthès habe Jekaterina Nikolajewna kein einziges Mal nach Paris mitgenommen.

«Hier gibt es ein Landgasthaus, da ist das Essen besser, ungefähr fünfzehn Kilometer entfernt in den Bergen.»

Wir fuhren in die Berge. Es war wieder schön. Wir schwiegen. Wir bogen auf den Hof des Restaurants, gingen hinein, alle blickten sich nach uns um, wie es auf dem Dorf üblich ist. Zum Abendessen bestellten wir Schnecken in Burgunder und Froschschenkel in grüner Soße. Wir tranken einheimischen Riesling aus einer hohen Flasche.

«Sind Sie nicht beleidigt?», fragte Agnès plötzlich.

Ich zuckte mit den Schultern.

«Ich besitze die Aufzeichnung eines Gesprächs zwischen Puschkin und d'Anthès.»

«Ich bin kein Puschkinforscher. Ich bin einfach ein Außenstehender. Meine Mutter hat mich gebeten, auf das Grab zu spucken. Und wann sind sie sich begegnet?»

«Kurz vor d'Anthès' Tod.»

«Aber Puschkin hat doch daneben geschossen! Hören Sie auf, Agnès. Sie haben eine große, schöne Brust. Was hat Puschkin damit zu tun?»

«Das ist eine geheime Geschichte. Ich habe sie niemandem erzählt.» Sie zitterte. Eine Hexe vielleicht? Ich trank meinen Riesling aus und schickte mich an zuzuhören, eher gegen meinen Willen.

«Wie alle Karrieremenschen hatte d'Anthès einen schweren Tod. Medaillen, Ehrungen, Titel, Auszeichnungen – all das hatte keine Bedeutung mehr.»

«Außer der Kanalisation», murmelte ich.

«Das hat Puschkin auch zu ihm gesagt.»

Ich erwiderte nichts, aß einen Froschschenkel und trank einen Schluck Wein.

«D'Anthès läutete. Der alte Kammerdiener mit geschwollenen Augen betrat das Schlafzimmer. D'Anthès sagte, im Bett liegend:

‹Gustave, tu mir einen Gefallen. Bring mir einen Aufgesetzten von Birnen und bitte Coco, zu mir zu kommen.›

‹Wie meinen?›

‹Madame la Baronesse›, berichtigte sich d'Anthès.

Ohne mit der Wimper zu zucken, sagte Gustave:

‹Den Aufgesetzten bringe ich Ihnen, aber Madame la Baronesse kann ich nicht rufen. Sie ist zu Einkäufen in die Stadt gefahren.›

‹Was kauft sie denn ein?›

‹Von allem ein bisschen›, antwortete der Diener ausweichend, denn er verstand, dass der Herr irre redete: Seine einzige Frau, die in der Familie Coco genannt wurde, war vor zweiundfünfzig Jahren gestorben.

Es war sehr wenig Zeit verstrichen, und Gustave erschien mit dem Aufgesetzten von Birnen, aber sein Gesichtsausdruck war ohne Übertreibung außerordentlich zu nennen.

‹Herr Baron›, sagte er und reichte ihm das hohe Glas, ‹die Hausherrin hat sich tatsächlich entfernt, aber da ist ein Herr, der darauf besteht, mit Ihnen sprechen zu wollen, ungeachtet Ihrer Unpässlichkeit.›

‹Der Bürgermeister?›, fragte d'Anthès rhetorisch mit

hochgezogenen Augenbrauen, denn er erwartete wie jeder eitle Mensch auf dem Totenbett irgendwelche Zeichen der besorgten Obrigkeit.

‹Nein›, sagte Gustave gedehnt und mit hervorquellenden Augen. ‹Monsieur Puschkin.›

‹Soll reinkommen›, sagte d'Anthès ruhig.

Puschkin kam herein. D'Anthès musterte ihn. Sie gehörten wieder zu verschiedenen Altersgruppen, nur hatten sie die Plätze getauscht. Während d'Anthès früher dreizehn Jahre jünger war als Puschkin, war er nun 47 Jahre älter. Als Senator in Diensten Frankreichs erlaubte er es sich daher, mit Puschkin recht vertraulich umzugehen.

‹Guten Tag, Gevatter. Ich habe lange auf dich gewartet›, sagte d'Anthès und deutete auf einen Sessel neben dem Bett, ‹schade, dass du gerade dann kommst, wo ich ein wenig unpässlich bin.›

‹Du stirbst›, sagte Puschkin, setzte sich in den Sessel und schlug lässig die Beine übereinander.

‹Ich bin ja kein Dummkopf›, sagte d'Anthès, traurig lächelnd.

‹Normalerweise reden Dummköpfe so›, winkte Puschkin ab.

‹Alexander, sprich nicht für die Ewigkeit. Ich hoffe, unser Gespräch wird nicht protokolliert. Alles, was unsere Beziehung angeht, wird durch eine verzerrende Lupe betrachtet. Bist du gekommen, um meine Beichte anzuhören?›

‹Ich bin gekommen …›

‹Ich bin froh, dass du gekommen bist›, unterbrach ihn

d'Anthès, auf dem Fluss französischer Konversation dahingleitend. ‹Deinetwegen bin ich mein Leben lang jedesmal zusammengezuckt, wenn jemand Russisch sprach, und ich habe aufrichtig gehofft, dass Russland zur Hölle fahren möge. Ich habe meiner Tochter verboten, Russisch zu lernen. Sie hat den Aufstand geprobt, abstoßend war das alles. Mein Unglück ist, dass ich mit Protektion meiner angesehenen Tante nicht nach Preußen, sondern nach Russland geflohen bin. Marquis de Custine hat über euch ein treffliches Buch geschrieben. Aber das war erst nach deiner Zeit. Nach deiner Zeit gab es überhaupt vieles, im Jahr 37 gab es noch keine Fotografie, und dieses Jahr hat man bereits das Kino erfunden. Weißt du eigentlich, was das Telefon ist? Das Automobil? Du weißt nicht einmal, was Elektrizität ist und die Pariser Kommune! Und bald wird bei uns die Luftfahrt Gott ersetzen. Über seinen Tod schreibt Nietzsche. Du könntest ewig weiterleben.›

‹Die Poesie braucht weder Luftfahrt noch Elektrizität›, sagte Puschkin.

‹Klar wie Kloßbrühe. Die Poesie braucht Weibermist, um daraus Gedichte zu formen. Davon hattest du mehr als genug. Und du bist darauf ausgerutscht. Mein lieber Freund, spiel nicht das Genie, nicht vor mir. Meine Vorfahren waren die besten Freunde der einheimischen Bauern. Das Leben braucht die d'Anthès nicht weniger als einen Puschkin. Sonst wäre das Duell anders ausgegangen.›

‹Ich bin gekommen, um dir zu verzeihen.›

‹Verzeihen? Wie wär's, wenn ich mir zuerst einmal selbst verzeihe?›, sagte d'Anthès mit der Grobheit des Offiziers.

‹An allem ist Nataschka schuld.›

‹Nein, mein Lieber, du irrst dich. Du hast nicht sie geliebt, sondern eine schöne Vitrine, und Nataschka hast du eigentlich für eine dumme Gans gehalten, du hast ihr das Leben erklärt, aber ich habe sie genommen, wie sie war, wir waren derselbe Jahrgang, wir hatten denselben Geruch, wir haben uns beinahe ohne Worte verstanden, wir waren Pferde aus demselben Stall.›

Puschkin schwieg.

‹Ich habe befürchtet›, fuhr d'Anthès fort, ‹du bringst sie um, als du erfuhrst, dass sie mich liebte. Denn du wusstest doch, dass sie mich liebte.›

‹Habt ihr miteinander geschlafen?›

‹Puschkin!›, lachte d'Anthès. ‹Bist du nun ein großer Mann oder wer bist du? Was macht das für einen Unterschied? Das sag ich dir nicht.›

‹Also ja?›

‹Ich habe immer gewusst, dass Dichter keine Männer sind, sondern Waschlappen. Lieber Alexander, seien wir mal ehrlich. Sie hat dich nicht geliebt, das ist eine Tatsache, du hast es selbst im *Onegin* beschrieben. Ihr hattet schlechten Sex, darüber hast du in deinem Gedicht mit seltener Offenheit geschrieben. Nataschka war das Einzige, was ich in Russland geliebt habe. Ich habe sie einmal in Paris im Theater gesehen, als ich mit meinem Sohn da war, ich bin nicht auf sie zugegangen, aber ich habe von weitem auf sie gezeigt und gerührt zu meinem Sohn gesagt: Das ist Tante Natascha.›

‹Und Katka?›, konnte Puschkin sich nicht verkneifen zu

fragen. ‹Auch ein Pferd aus demselben Stall? Katka, über die Karamsin an jeder Ecke herumerzählt hat, dass sie schrecklich dumm sei!›

‹Ich verstehe nicht, wer soll denn nun kosmisch lieben? Der Poet oder der Offizier? Ich habe Nataschka kosmisch geliebt. Katka war für mich wie ein teures Lederimitat. Ich habe mit ihr geschlafen und mir dabei Nataschka vorgestellt. Beide wussten das. Und außerdem habe ich durch die Heirat mit ihr deine Ehre gerettet. Und du bist ein verrückter Dummkopf! Rennst durch die Stadt und posaunst überall herum, dass ein Franzose deine Frau fickt. Sogar Schukowski hat dich zum Teufel geschickt. Du hast dich abscheulich aufgeführt; du hast dich echauffiert, alle und jeden beleidigt. Du wolltest mich umbringen. Du hast mir mein Leben verdorben.›

‹Du hast dich frech benommen. Du bist mit Nataschka und Katka im Schlitten durch Petersburg gefahren.›

‹Ich war fünfundzwanzig Jahre alt. Wenn wir zusammen waren, hast du nicht existiert. Und deine Gedichte kannte ich auch nicht. Was warst du auf den Bällen? Die Karikatur eines Menschen!›

‹Aber ich bin ein großer russischer Dichter.›

‹Dostojewski und Tolstoi, Turgenjew und nun dieser Nachahmer von Maupassant, wie heißt er gleich – sie sind auch groß, nicht nur du allein. Gedichte hin oder her, mein lieber Puschkin, aber Weiber – das ist ein Riesenscheiß.›

‹Und so was sagt ein Homosexueller.›

‹Unwichtig. Das ist heutzutage nicht mehr so kriminell wie zu Wiegels Zeiten. Aber Nataschka hat mich einmal im

Leben meine Homosexualität vollkommen vergessen lassen. Das beweist nur, wie stark meine Liebe zu ihr war.›

Puschkin richtete sich im Sessel auf. D'Anthès trank ohne Eile seinen Aufgesetzten.

‹Ich habe dich nicht geschätzt›, gestand d'Anthès schroff. ‹Du warst weder für noch gegen den Zaren. Mal Dekabrist, mal nicht Dekabrist. Nicht für und nicht gegen Russland. Wie Tschaadajew. Nicht für die Unzucht, aber auch nicht für die Treue.›

‹Dafür warst du nie ganz sauber. In der Liebe und in der Politik›, sagte Puschkin angewidert. ‹Du erinnerst dich bestimmt noch an die Wahlen in Colmar; da hast du die Ergebnisse gezinkt. Man hat dich ertappt.›

‹Ich war der jüngste Senator des Zweiten Imperiums.›

‹Und wär's das Dritte gewesen! D'Anthès' größte Tat bleibt die Kanalisation.›

‹Wir sind die Träger höchster Zivilisation. Nach uns kommen Computer und Sternenkriege. Und ihr Russen seid in der Scheiße stecken geblieben.›

‹Wollen wir uns wieder duellieren?›

‹Ich werde dich wieder erschießen›, kicherte der Hausherr versöhnlich. ‹Alle normalen Leute sind wie die d'Anthès. Die Wahrheit des Lebens ist auf meiner Seite.›

‹Du kommst in die Hölle›, sagte Puschkin.

‹Und das sagt mir der Autor der *Gabrieliade*? Ach, verpiss dich …›

Puschkin stand auf und ging zur Tür.

‹Warte.›

Puschkin blieb stehen.

‹Du bist doch gekommen, um mir zu verzeihen?›

Puschkin schwieg.

‹Warum?›

Puschkin hüllte sich in Schweigen. Er hatte nichts zu sagen. Als Puschkin die Tür hinter sich schloss, war d'Anthès tot.»

Agnès gab einen Schluchzer von sich. Ich beeilte mich, sie zu trösten. Sie weinte immer heftiger. Sie heulte. Das ganze Restaurant starrte sie an. Sie hatte einen hysterischen Anfall. Sie fing an, sich mit ihren lila Fingernägeln das Gesicht zu zerkratzen. Draußen war es Nacht. Wer sind diese Leute? Warum bin ich hier, in diesen verschlafenen Elsässer Bergen? Sie hatte sich vollkommen verändert. Sie sitzt mir gegenüber im Ballkleid und mit Lorgnette. Ihr orthodoxes Kreuz liegt im Schaukasten des städtischen Museums. Jekaterina Nikolajewna Gontscharowa, der «Mopp», wie Zeitgenossen sie nannten, die mich drängt, ihren Mann zu rehabilitieren, den Baron Georges-Charles de Heeckeren d'Anthès, die nach Puschkins Tod und der Ausweisung des Franzosen Petersburg verließ, um sich in Europa am 1. April 1837 für immer mit ihrem Mann zu vereinen.

Klosett 007

Japan

«Wenn ein Fotograf ‹Aufnahme!› schreit, dann nimmt er dich nicht auf, sondern zieht dich aus bis auf die Haut. Jedes Foto zieht das Objekt aus, aber du, Araki, bist der gnadenloseste Auszieher von allen», sagte ich, während ich näher an den japanischen Fotografen heranrückte.

Ein geschickter Liebhaber engen Körperkontakts, sei es mit einer Krabbe im Sushi, einem Fischauge, einer Bananenblüte, einer Mauerassel oder dem Bein seines Gesprächspartners, saß Araki im weißen T-Shirt mir gegenüber auf einem kleinen Sofa und ließ mit Schmackes die breiten roten Hosenträger zurückschnappen, ohne die sich seine weite schwarze Hose wohl längst von seinem Bauch verabschiedet hätte. In eben solchem Gewand hing Araki, die Holzpuppe, an einer Schnur seines Fotoapparats. Beide Arakis trugen eine dunkle Brille. Gäbe es in Japan Intellektuellen-Sumo, dann wäre Araki, der kämpferische kleine Dicke, dank seiner sechs Jahrzehnte Training in dieser Disziplin unschlagbar, denn er besteht mindestens zur Hälfte aus dem skandalösen Katalog seiner eigenen, aus Interviews und Fernsehsendungen herausgerissenen Zitate, die ihn im ganzen Land berühmt gemacht haben.

«Ich nehme Frauen so auf», explodierte Araki in einem Wortschwall, spuckend und mit seinen Fäusten auf meinen Schultern herumhämmernd, «wie alle Männer sie gern aufnehmen würden: nackt, nach der Kunst des Kinbaku gefesselt, erniedrigt, neckisch und frivol, mit vor Angst gesträubtem Haarbusch auf der Scham, mit unrasierten, verschwitzten Achselhöhlen und weit gespreizten Beinen – die Männer haben Angst davor, aber ich nicht.»

«Warum hast du keine Angst?»

«Vor wem sollte ich?», wunderte sich Araki ein wenig. «Meine Frau ist gestorben.»

Eine Pause trat ein, wir tranken von unserem Whisky.

«Weißt du, was das Wichtigste im Leben ist?» Araki fixierte mich durch seine dunkle Brille. Wir saßen in einer sehr heimtückischen Bar. In Tokio gibt es solche heimtückischen Bars.

«Ja», sagte ich bestimmt. «Laut zu schreien und in die Hände zu klatschen.»

«Woher weißt du das, Erotos?», fragte Araki, wollüstig meinen Namen entstellend. *Erotos* heißt der Fotoband, mit dem er weltweit Aufsehen erregt hatte.

«Du bist ein Clown», sagte ich zu Araki. «Wann ist deine Frau gestorben? Als sie noch lebte, hattest du doch auch keine Angst.»

Araki stieß einen lauten Schrei aus und klatschte in die Hände.

«Du kriechst mir in die Seele, Erotos», sagte Araki. «Aber du verschwendest bloß deine Zeit. Japaner haben keine Seele.»

«Und was haben sie stattdessen?»

«Nichts, Leere», erklärte Araki leichthin. «Wir sind Marionetten. Die Einen arbeiten in einer Bank. Die Anderen tanzen. Wieder Andere streicheln an ihrem freien Tag Hirsche im Nara-Park. Wir sind wie Schmetterlinge aufgespießt auf den Nadeln der Tradition. Aber manchmal durchdringt uns ein göttlicher Odem. Meine Frau mochte es nicht, wenn ich Frauen ausgezogen habe. Sie hat sich sehr aufgeregt, hat es aber ertragen, denn sie war eine Schönheit und tat so, als mache ihr das nichts. Außerdem sind Japanerinnen duldsam.»

Araki klatschte in die Hände, um die Barchefin zu rufen. Die trat auf uns zu, süß und vieldeutig übers ganze Gesicht lächelnd. Er nahm ihre Hand. In einiger Entfernung saßen zwei Holländer mit Fotoapparat. Araki schaute zu ihnen hinüber und sagte, wobei er die Chefin vergaß:

«Die da sind Tote. Und du und ich, wir sind echt, Erotos.»

Er zog die Chefin an sich:

«Sie ist eine ehemalige Opernsängerin. Weißt du, was Karaoke ist?»

«Eine russische Krankheit», antwortete ich.

Ohne eine Erklärung abzuwarten, sagte Araki:

«Sie hat schon einen schlaffen Hals, aber wenn ich es befehle, zieht sie sich aus, und ich fotografiere sie. Es gibt keine einzige Frau in Japan, ob alte Millionärin, Tochter eines Ministers oder einbeinige Minderjährige, die mein Angebot ablehnen würde. Möchtest du, dass ich sie auf den Tresen lege und ihren Kimono hochstreife?»

«Schon gut, du bist ein japanischer Gott», gab ich mich geschlagen.

«Ich singe lieber selbst was», sagte Araki.

Er nahm das Mikrophon und hielt es sich zwischen die Beine an die Hose. Die Barchefin im nicht hochgestreiften Kimono sank auf die Knie und begann Arakis Eier durch die Hose zu liebkosen. Die Holländer zückten den Fotoapparat. Araki sah auf den Bildschirm und führte langsam das Mikrophon an den Mund. Er hob den Kopf und begann mit irrer Stimme die dunkle Decke anzusingen. Auf dem Bildschirm regnete es rote Blätter. Als er fertig war, kullerten unter seiner dunklen Brille Tränen hervor, und die Barchefin schneuzte sich in ein Spitzentaschentuch.

«Meine Frau ist an Krebs gestorben», sagte Araki. «Vielleicht habe ich dazu beigetragen. Ich sage dir ja, sie hat sich sehr aufgeregt.»

«Hast du sie auch nackt fotografiert?»

«Ich habe den Eindruck, als würde ich mir selbst Fragen stellen. Weißt du eigentlich, dass Japan bald untergeht?»

«Gleich wirst du wieder einen Witz reißen», warnte ich ihn.

«Warum bist du so gutmütig, Erotos?»

«Für dich bedeuten Worte doch nichts», antwortete ich.

«Japan wird bald untergehen, weil es bei uns neuerdings so viele dicke Frauen gibt.»

Er gab einen lauten Schrei von sich und klatschte wie verrückt in die Hände.

«In dieser Bar gibt es eine Holztreppe», sagte Araki.

«Sie führt nach unten. Leute mit runden Augen haben keinen Zutritt. Ich mache nicht gern Fotos mit einer Digitalkamera. Eine Fotografie muss nass sein.»

Er erhob sich vom Sofa, trank den Whisky aus und setzte sich wieder.

«Hör mal», sagte Araki, «als meine Frau an Krebs gestorben war, wollte ich sie fotografieren. Ich dachte: Ich muss sie tot fotografieren. Ich hatte bis dahin noch nie eine tote geliebte Frau fotografiert. Ich dachte, das ist ein sehr wichtiger Moment: Ich werde zum ersten Mal eine tote geliebte Frau fotografieren. Ich zog diese kleine Minolta aus der Jackentasche und wollte mit ihren Händen beginnen. Ihre Finger waren wie versteinert, die Nägel lang und schön poliert, von einer schrecklichen wächsernen Farbe. Hast du schon einmal einer toten Frau die Hände geküsst? Aber davon ein andermal», unterbrach er sich selbst. «Wann bist du in Japan angekommen?»

«Heute Morgen», sagte ich. «Sie hat mich am Flughafen abgeholt.»

In einer Ecke saß eine kleine Frau und lächelte wie ein kleines Tier.

«Eeeeeee ...», sagte Araki.

«Was ist?»

«Ich habe den Eindruck, dass wir beide letzte Woche auf Hokkaido gewesen sind», sagte Araki. «Auf Fuchsjagd.»

«Ooooooo ...», sagte ich ungläubig.

«Ich habe den Eindruck, dass morgen gestern war und übermorgen schon ganz lange her ist.»

«Ich weiß», sagte ich. «Es kommt ganz darauf an, was

man als Ausgangspunkt nimmt. Viele Deutsche erzählen, dass ihre Großmütter von russischen Soldaten und Offizieren vergewaltigt wurden. Sie malen das so plastisch aus, dass man spürt: Endlich dürfen sie es sagen. Früher durfte man das nicht, aber jetzt hat die Betäubung nachgelassen. Als ob der Krieg 1944 begonnen hätte.»

Araki strahlte plötzlich übers ganze Gesicht.

«Erzähl mir bloß nichts von HARMONIE. Wir alle hier sind ihre heuchlerischen Geiseln. Wir gehen jetzt in ein ganz besonderes Bad, und du kommst mit.»

Akiko presste die Hände zwischen den Knien zusammen.

«Gestatten Sie mir, Ihnen zu sagen, dass Begleitpersonen kein Recht haben, mit Viktor Wladimirowitsch auf Kosten der einladenden Seite das türkische Bad zu besuchen.»

«Und wo ist bei dir die einladende Seite?», fragte Araki höflich interessiert. «Ich bin sicher, dass deine Brustwarzen rosa sind und nicht braun. Hab ich Recht?»

Akiko verwandelte sich in ein verlegenes kleines Tier.

«Japanische Frauen sind sehr gehorsam», erklärte Araki. «Sie wehren sich nur ein ganz kleines bisschen. Stimmt's, Akiko?»

Akiko nickte erfreut.

Wir stiegen eine schmale Wendeltreppe hinab.

«Jeder Schüler weiß», sagte Araki, während die Stufen unter seinen Schritten knarrten, «dass die Amerikaner human gehandelt haben, als sie zwei Atombomben über Japan abwarfen. Du hast ganz Recht, alles hängt vom Ausgangspunkt ab. Der japanische Militarismus hatte wie ein gigantisches Krebsgeschwür die Inseln des Stillen Ozeans bis nach Australien erfasst. Wir sind bis Indien gekommen. Warst du auf Okinawa?»

«Ich bin heute früh aus Moskau angekommen.»

«Eeeeeee ...», sagte Araki ungläubig. «Wir waren die Champions zu Wasser.»

Er stimmte das Lied auf die Champions an. Wir stiegen abwärts, uns an den feuchten Wänden abstützend. Akiko trug braune Jeans.

«Ich würde Japan gern mal mit den Augen eines russischen Schriftstellers sehen», sagte Araki. «Ich würde gern wie ein Bandwurm in dich hineinkriechen und mit dir für zwei Wochen die SIM-Karten tauschen. Wenn sie die Bomben nicht gezündet hätten, wären noch weit mehr Menschen gestorben. Alles andere ist Propaganda. Im Gegensatz zur Hakenkreuzfahne wurde die japanische Flagge 1999 offiziell wieder eingeführt.»

Irgendwo von ganz unten waren Stimmen nackter Leute zu vernehmen.

«Diese Teufel haben die Türen nicht zugemacht», sagte Araki. «Wir kommen als Shintoisten auf die Welt, heiraten christlich und sterben als Buddhisten. Es gibt kein unreligiöseres Volk als die Japaner.»

«Fotografie ist auch etwas Unreligiöses.»

«Darum ist das auch alles passiert. Mein allererstes Fotomotiv war die Vagina meiner Mutter. Ich bin aus ihr herausgekrochen und habe sie sofort geknipst.»

«Araki», sagte ich vorwurfsvoll, «ich glaube, darüber haben schon alle Zeitschriften der Welt geschrieben.»

«Schon gut, Erotos, aber ich wiederhole nur die Wahrheit.»

«Und wie war es wirklich?»

«Ich hatte einen Schulfreund, der mich immer gehänselt hat. Er sagte, meine Mutter habe einen großen Bauchnabel. Für japanische Kinder ist das die übelste Beschimpfung.»

«Warum?»

«Arme Leute haben große Bauchnabel.»

Wir tauchten in Dampfschwaden ein. Araki fischte einen hübschen jungen Mann, den die Badewärterin gerade wusch, aus dem Nebel. In der Luft hing ein Geruch von Zimt und Sperma.

«Ein Kollege von dir», schrie er. «Schriftsteller! Er schreibt einen Roman über die vollkommene Liebe. Wie beweist man, dass man liebt?»

«Man muss die Kacke der Geliebten essen», sagte der hübsche Junge, geziert den Kopf schüttelnd wie ein Traberhengst.

«Scheiße ist das Top-Thema der neuen japanischen Literatur», erklärte Araki. «Was darf es heute sein, ein Junge oder ein Mädchen?», wollte er wissen, während er seine Schühchen und Söckchen abstreifte.

Eine Art Kindergarten ist das hier, dachte ich, diese japanischen Tische und Stühle. Alles so niedrig. Araki hatte sich ausgezogen und stand in seiner dunklen Brille da.

«Tatsächlich wiege ich dreizehn Kilo», sagte er, «soviel wiegen die gesammelten Werke meiner Fotografien, die die Deutschen publiziert haben.»

«Gestatten Sie mir zu sagen, dass die Begleitperson kein

Recht hat, sich in Anwesenheit von Viktor Wladimirowitsch auszuziehen.»

«Auf Okinawa ist alles gestattet», bellte Araki sie plötzlich an.

Durchdringend, ätzend wie Säure erschien mir Okinawa: Der Ozean, Korallenriffe, Ananas in voller Blüte, eine amerikanische Militärbasis hinter endlosem Stacheldraht, Japanerinnen in ihren strengen altmodischen Badeanzügen. Kein Mensch außer so einem verzweifelten Kamikazeschwimmer wie mir badet; den Kindern der Fischer steckt die Angst, im Wasser gefressen zu werden, in ihren Genen. Der Ozean ist sechsunddreißig Grade warm. Wieso «Grade»? Weil es das nicht gibt. Klebrige heiße Dämmerungen im September auf Kokusai-dori, der Hauptstraße der Stadt Naha. Spielcasinos sind in Japan verboten. Geldautomaten gibt es auf der Straße fast keine, kaum Straßenreklame. Die ganze japanische Werbung ist nach Moskau abgezogen. Quälend wenig Menschen sprechen Englisch, und mir bleibt auf dem Kokusai-dori nichts übrig, als mit Akiko «Pachinko» zu spielen, ein japanisches Glücksspiel mit Metallkügelchen, bei uns ein beliebtes Spiel von Vorschulkindern.

«Eine große Nummer beim Fernsehsender Fuji.» Araki klatschte einem jungen stattlichen Japaner auf die Wampe.

«Kein Sender, sondern ein Brechmittel», sagte der Fernsehmann streng. «Wir unterhalten unser Publikum mit politisch korrekten Witzen.»

«Warum sagen Sie das so offen?», wunderte ich mich aufrichtig.

«Was bleibt einem denn übrig? Mögen Sie koreanisches Essen?»

«Ja.»

«Ich auch, obwohl die nordkoreanische Geheimpolizei Japaner entführt hat. Haben Sie davon gehört?»

«Ich erinnere mich dunkel.»

«Mögen Sie Amerika?»

«Wieso?»

«Da haben alle die gleichen Chancen. Für mich steht an erster Stelle Geld, dann kommt meine Frau, dann kommen die japanischen Werte.»

«Würden Sie Harakiri begehen, wenn Ihnen jemand sagen würde, dass Ihre Mutter einen großen Bauchnabel hat?»

«Darüber macht man natürlich keine Witze, aber ich bin kein Samurai», lachte der Fernsehmann.

«Wann werden Sie sich dazu durchringen, uns endlich unsere Inseln zurückzugeben?» Aus dem Nebel war ein konservativer japanischer Senator von absolut usbekischem Äußeren aufgetaucht.

«Ich wasche mich erst einmal, und dann sehen wir weiter», lächelte ich vielversprechend. «Bei Ihnen soll es mit den Traditionen ja auch nicht mehr so weit her sein.»

«Sie meinen die geschminkten Mädchen auf Inline Skates?» Zwei Badewärterinnen unterschiedlichen Geschlechts reinigten dem Senator die Ohren. «Pubertätsprobleme. Vergessen Sie das mit den Inseln nicht.»

«Vor Journalisten tue ich immer so», mischte sich Araki ein, «als ob ich seit meiner Schulzeit kein Buch mehr gelesen hätte. Du könntest für uns eine Vorlesung über russische Literatur halten.»

«Die russische Literatur ist voll von weiblichen Wasserleichen», fasste ich lakonisch zusammen.

Das Publikum ließ sich in zwei Kategorien einteilen: in Badewärterinnen und in jene, die von ihnen reihum gewaschen wurden bzw. denen reihum einer geblasen wurde. Auf der nördlichen Insel Hokkaido waschen sich die Badbesucher auf niedrigen Hockern sitzend, sich aufmerksam in großen Spiegeln betrachtend, damit um Gottes Willen nicht irgendetwas ungewaschen bleibt. Wenn sie aufstehen, bedecken die keuschen Männer aus dem Norden – ganz anders als die Tokioter – voreinander ihre Scham mit langen weißen Lappen. Doch besonders schön sind die japanischen Klosetts in den erstklassigen Hotels, erstaunliche Wunder der Technik mit allerlei grün-roten Knöpfen an seitlich angebrachten Schalttafeln.

Ich lüftete den Deckel, blickte ins Innere, klappte ihn ganz zurück und setzte mich vorsichtig. Als ich mich etwas sicherer fühlte, drückte ich erst einmal wahllos einen der Knöpfe. Die Brille erwärmte sich auf Zimmertemperatur wie das beheizbare Lenkrad eines teuren Autos. Dann versuchte ich den Knopf mit einem Zeichen, das die Gestalt eines mehrschichtigen Ypsilons besaß. Das Klosett begann verständig zu schnurren, dann das Schnacken eines Sensors: Eine Wasserfontäne mit duftendem Schaum klatschte mir gegen den Hintern und irgendjemandes zarte Pfötchen begannen mich wie einen lieben und nahen Menschen zu waschen. An der Wand neben dem Klosett hing ein Telefon. Nach kurzem Zögern rief ich die Rezeption an:

«Klosett 007?», war eine freundliche weibliche Stimme im Hörer zu vernehmen.

«Vermutlich», antwortete ich und merkte mir meine laufende Nummer.

«Fertig zum Start?»

«Was muss ich da drücken?»

«Auf den großen grünen Knopf mit dem Buchstaben S in der Mitte.»

Ich berührte den hell leuchtenden Knopf.

«Klosett 007 bereit zum Start!»

«Nur bitte seien Sie so gut und lassen Sie uns nichts auf den Kopf ...»

«Wo denken Sie hin! Ich verehre Japan.»

«Guten Flug!»

Du drückst leicht auf den grünen Buchstaben S und hebst ab, wirst in die Höhe getragen wie in einem Expressaufzug, und da fliegst du auch schon am Nachthimmel, zwischen Sternen und Flugzeugen, du atmest tief mit der ganzen Brust, immer höher und höher steigend, über den Schnellstraßen des amerikanisierten Tokio, über den Wolkenkratzern, der Bucht, dem Hafen mit den Schiffen aus aller Welt, dem Fernsehturm, dem in fernem Dunst sich verbergenden Fujijama, über den Wäldern, über den Opfern der ausländischen Geheimpolizei, über den eigenen Alltagssorgen.

«Unser Flug», verkündete mit zärtlicher Stimme das Klosett 007, «verläuft in Höhe Ihrer Lebenseinstellungen mit der Durchschnittsgeschwindigkeit Ihrer vollkommenen Überlegenheit über die Welt.»

«Énorme Scheiße!», stemmte ich die Arme in die Seiten, das geflügelte Wort einer avancierten französischen Übersetzerin zitierend. Doch wer bist du, nächtlicher Pilot? Ich lauschte. Der Himmel war voller Seufzer der von mir beleidigten Frauen. Ich flog, und der Himmel seufzte. Plötzlich rief der Flug mit Klosett 007 in mir einen Schwall ungebetener, extratouristischer Gedanken hervor. Ich flog und dachte, dass ich öfter gegenüber Frauen in meinem Leben grundlos grausam gewesen war, dass ich mich tatsächlich mit «énorme Scheiße» verausgabe, schwache Menschen mit einer Autorität verletze, die zum festen Bestandteil meiner Chemie geworden ist, dass ich schlampig arbeite, gehetzt bin, mich mit Wiederholungen meiner selbst beschäftige. Gegen Morgen kehrte ich als Himmelsstürmer in mein Hotelzimmer zurück, mit sauberem Arsch, munter, jedoch überaus unzufrieden mit mir selbst. Ich nahm mir einen Sake aus der Minibar, trank direkt aus dem Minifläschchen. Sake heilt, wie ein japanisches Sprichwort sagt, von hundert Krankheiten und erzeugt tausend neue. Dasselbe kann man auch über Reisen sagen. Sie zerstören das Gleichgewichtsorgan meines Selbstverständnisses.

«Na, wie findest du Japan?», fragte Araki.

«Ein Flug auf dem Klosett ernüchtert», gestand ich mit asketischem Gesicht.

Nach der Massage sah Arakis Haut merklich jünger aus.

«Wer weiß, was noch kommt!», bemerkte er und nahm eine Peitsche zur Hand.

Jeder russische Schriftsteller, der nach Japan kommt, möchte unbedingt darüber schreiben. Schon lange schreibt niemand mehr über Frankreich oder die Karibischen Inseln, aber Japan wartet nach wie vor ungeduldig auf das Urteil eines russischen Schriftstellers. Wenn der russische Schriftsteller wieder nicht darüber schreibt und nicht erzählt, dass man Japan umso weniger versteht, je länger man dort lebt, oder dass auf Hokkaido Paradiesäpfel wachsen und man außerdem dort Marmelade aus Tomaten macht, dann wird Japan sein verbrieftes Recht auf Existenz verlieren. Araki und ich legten meine Begleitperson Akiko-san auf eine Bank und massierten ihr sanft den Rücken mit der Peitsche. Ihre Brustwarzen waren tatsächlich rosa. Im wahnsinnigen Tokioter Vergnügungsviertel bat sie uns, sie zu einer Vorstellung mitzunehmen. Russische und ukrainische Prostituierte, träge, schmollende und mit der ganzen Welt hadernde Weibsbilder, die man auf keine Weise zum Lachen bringen konnte, verschmähte sie und zog ihnen die vertrauten japanischen Nutten vor. Japanischer Striptease ist nicht weniger erlesen als der klassische höfische Tanz, den man in Kyoto noch sehen kann. Nach einem Tanz, der einem Herbsthimmel mit Federwölkchen entsprungen schien, die in Japan «Iwasi» – Sardinen – genannt werden, posierten die Tänzerinnen in den unanständigsten Stellungen, wobei jeder Japaner für fünfzehn Sekunden ein Araki werden durfte, indem er sich eine Polaroid auslieh und sie schlicht und ergreifend zwischen die

Beine fotografierte. Später, als Araki weggefahren war, um Japan mit den Augen eines russischen Reisenden zu sehen, konnte er feststellen, dass in buddhistischen Tempeln ein guter grüner Tee mit ein wenig Schaum gereicht wird. Unter meinem Namen besuchte er in einem lebensfrohen Bambushain ein zwischen bemoosten Findlingen verlorenes buddhistisches Kloster aus Bambus und Reispapier in den Bergen über Kyoto. Sein Schulfreund mit dem Spitznamen Kulturka hatte als Innenarchitekt international Karriere gemacht, in Mailand gearbeitet und war überraschend Vorsteher des Klosters geworden. Dafür brauchte Kulturka nicht einmal die Kleidung zu wechseln. Zum Treffen mit dem russischen Schriftsteller kam er in Jeans und T-Shirt, ließ sich im Lotussitz nieder und begann zu plaudern. Auf die Frage, warum er Mönch geworden sei, sagte Kulturka, dass er von der internationalen Konkurrenz die Nase voll gehabt habe. Nur ein eitler Mensch wie Araki könne so um den Ruhm kämpfen, fügte er augenzwinkernd hinzu. Der Buddhist hatte in Erotos seinen Jugendfreund wiedererkannt. Kulturka entschuldigte sich wegen der Sache mit dem großen Bauchnabel der Mutter, aber Araki räumte ein, dass seine Mutter tatsächlich einen mondrunden Bauchnabel gehabt habe, der jedoch nichts mit Armut zu tun und den er durchs Schlüsselloch gesehen habe. Da war er neun Jahre alt und wusste, dass das Schlüsselloch sein Element war. Am nächsten Morgen kaufte ihm sein Vater im Supermarkt den ersten einfachen Fotoapparat. Nach kurzem Schweigen verbeugte sich Araki tief vor Kulturka, dankte und verzieh ihm letzten Endes. Sie küssten sich auf den Mund. Araki steckte Kulturka sein spitzes Zünglein hinein, das nach Marlboro Lights schmeckte; als Antwort bekam er den Geschmack von schaumigem grünem Tee.

«Was soll ich denn nun tun?», fragte Araki den Mönch.

«Dem Schlüsselloch treu bleiben», sagte der Mönch.

Als Ergebnis seiner Reise begriff Araki, dass die russische Literatur schon seit zwanzig Jahren aus der Mode war; verblüht waren Dostojewski, Turgenjew, Tolstoi und Tschechow, verblüht war auch Gorki, sodass jedes russische Buch in Japan zum Scheitern verurteilt war, was ihm mit aller japanischen Höflichkeit ein japanischer Verleger mitteilte.

«Keine Liebesgrüße aus Tokio», sagte Araki zu mir, als ich ihm die Popularität der japanischen Literatur in Russland beschrieb. Nachdem er sich an der Tokioter Universität kundig gemacht und mit Professor Numano gesprochen hatte, konnte sich Araki davon überzeugen, dass Schostakowitsch und Prokofjew die einzige russische Währung darstellten. Und wie konnte es auch anders sein? Es existiert sonst kein einziger russischer Wert, den Japan akzeptieren könnte. Wohl werden dort auch manchmal Trottel gemocht, aber das ist kein Vergleich zur russischen Idiotenverehrung. An Stelle der ewig schlafenden russischen Chauffeure und der chronisch verarmten Postangestellten haben die Japaner Taxifahrer mit weißen Handschuhen, die jeden Tag im Innern des Wagens Töpfchen mit Kapuzinerkresse, Veilchen, Hyazinthen austauschen, und die Postangestellten nehmen von ihrem sozialen Rang her beinahe einen Platz im Himmel ein. Während in Amerika die Post militärisch durchorganisiert wirkt, erscheint sie in Japan als Seele der Gesellschaft. Was jedoch die strittigen nördlichen Territorien betrifft, so existieren die vier Inseln auf der Landkarte sogar dort, wo sie überflüssig sind. Zu Propagandazwecken kommen sie in jedem Atlas japanischer Fluglinien vor, obwohl kein Aas dorthin fliegt. Bei unserem Abschiedsabendessen vor meiner Abreise nach Moskau, in Gesellschaft von fünf technisch astreinen Geishas in Ultraminiröcken, gestand mir Araki, er wolle gar nicht, dass die Russen die Inseln zurückgeben.

«Weißt du, Erotos», sagte er vertraulich, «ich bin dagegen, dass die Japaner dort Ordnung schaffen. Meinetwegen kann das eine russische Müllkippe bleiben. Historisch gesehen ist das ökologisch.»

Als die Geishas solch aufrührerische Reden hörten, liefen sie auf den Händen über den Tresen, wobei sie ihre roten Ultraminislips sehen ließen.

«Ich habe nicht gewusst, dass du beim Fotografieren einen so unmittelbaren Kontakt zu den Frauen hast», gestand ich ihm meinerseits, da ich während seiner Araki-Erotos-Metamorphose viel für ihn fotografiert hatte. «Ich habe mich geirrt, als ich dich einen Clown genannt habe.»

Zweimal trat ich für ihn in einer japanischen Talkshow auf und konnte einige Schlüsse ziehen. Im Unterschied zum russischen Fernsehen, diesem Umschlagplatz für kompromittierende Details, stellen die Japaner Schauspieler in den Vordergrund, die sich alle Mühe geben, jeden Anschein von Kritik im Keim zu vernichten.

«Sie lecken das Leben ab, obwohl sie es nicht mögen, wenn man sie ableckt», sagte ich, nachdem ich von den von mir fotografierten Japanerinnen den zweiten nationalen Schimpfausdruck gelernt hatte: Leck mich nicht ab!

Außerdem unterschrieb ich eine Petition gegen das endlose, unmenschliche Warten auf die Vollstreckung der Todesstrafe in den japanischen Todeszellen. Aus der Geschichte weiß man indessen, dass die Japaner der Besatzung der «Warjag» und anderen russischen Kriegsgefangenen Bedingungen wie im Sanatorium boten. Die Bettlaken wurden bis zu fünf Mal wöchentlich gewechselt.

Die Russen, denen Araki in Japan begegnete, wenn er meine «slawischen» Vorträge hielt, verblüfften ihn mit ihrem Misstrauen gegenüber allem und jedem in der Welt. Die japanischen Russen, die in Japan als Gäste hängen geblieben sind, lechzen nach jedem kritischen Wort gegenüber Japan. Sie können sich nur schwer mit dem Gedanken anfreunden, dass die Japaner ein arbeitsames und starkes Volk sind. Es gefällt ihnen, dass Japan tief in der Krise steckt. Als ich darüber sprach, wie lebhaft die Japaner die Gäste in einer Sushi-Bar begrüßen und wie flink sie bedienen, bemerkten die Russen nur mürrisch:

«Ach was, die tun doch nur so.»

«Immerhin gut, dass sie so tun und nicht anders», zuckte Araki befremdet die Schultern.

Im Kabuki-Theater sah er an meiner Stelle eine Aufführung, deren Inhalt sich darauf beschränkte, dass ein betrogener Mann seine Geliebte, die ihn betrogen hatte, töten musste. Ich lebte zwei Wochen mit dunkler Brille, die Händchen auf dem Bauch gefaltet. In weißem T-Shirt und mit breiten roten Hosenträgern. Auf meinen Lippen die Kälte wächserner toter Hände. Ich küsse nicht gern Tote, aber in dem Fall machte ich eine Ausnahme. Ich wurde vorübergehend zu einem japanischen Gott. Nachts träume ich jetzt oft von Klosett 007.

Warum bin ich nicht Shanghai?

In Shanghai kam ich an wie bei mir selbst. An meiner Peripherie errichtete ich einen kleinen Tempel mit einem Jade-Buddha. Mein Gedächtnis fand die Jade in Birma. Alles hängt von der Beleuchtung ab. Manchmal sieht der Jade-Buddha aus wie ein Schwachsinniger, der Haarnadeln verschluckt hat, und manchmal, kurz vor Sonnenuntergang, lächelt er das schüchterne Lächeln eines Androgynen. Ich besitze eine Sammlung buddhistischer Texte aus der Qing-Dynastie, die mein Freund mit dem bemerkenswerten Namen Hui Chen (Hui heißt auf Russisch «Schwanz»), der Begründer des Tempels, mir mitgebracht hat. Doch mein Lieblingsort für Spaziergänge bleibt der Yuyuan-Teegarten, der von meinem zweiten Freund Chi Jiang, einem Meister der Gartenkunst der Ming-Dynastie, angelegt wurde. Chi Jiang und Hui Chen sind eigentlich meine einzigen Freunde. Wir gehen oft im Garten der Freude spazieren, schauen von den vielfach gewundenen Brückchen, die uns vor Versuchungen bewahren, auf die weißen und rosa Karpfen im Wasser. Unsere Ruhe ist der Vorbote von Veränderungen. Chi Jiang wehrt sich gegen den Abriss der Altstadt. Ich zerstöre systematisch Haus für Haus,

Wohnviertel für Wohnviertel und decke alles inklusive Bewohner mit einem grünen Plastiknetz zu. Ich habe nicht nur mich selbst vergessen. Ich will mich auch nicht an jene Zeiten erinnern, als junge Chinesen, nachdem man ihnen Gin eingeflößt hatte, auf ausländische Schiffe verschleppt und zur Arbeit gezwungen wurden.

«Shanghai mich nicht», sage ich zu Chi Jiang. «Lass uns lieber an Kamelienblüten schnuppern.»

«Du hast nur einen Weg zum Erfolg», flüstert mir Hui Chen zu.

«Die liberalen Ressourcen sind erschöpft», stimmt Chi Jiang ein.

Ich baue Straßen, die mich umzingeln wie Drachen. Auf diesen Straßen beabsichtige ich rasch vorwärts zu kommen. Ich lasse einen Zug auf Magnetkissen fahren. Am Hafen habe ich blaue und rote Container aufgetürmt, die bis zum Himmel reichen, und nun habe ich mir die Parkanlagen am Meer vorgenommen. Ich pflanze Palmen. Mir bläst ein frischer faschistischer Wind ins Gesicht. Faschistisch braust die Brandung, sie bricht sich an den künstlichen Klippen eines Militärbezirks. Der salzige faschistische Wasserstaub kitzelt in der Nase. Meine Freunde sehen in mir die Stadt der Zukunft.

«Dir fehlt es an Mut», sagt Hui Chen.

Ich weiß, worauf er hinaus will.

Ich sage: «Mein lieber Freund Hui Chen, ich habe den Garten der Freude, den Yuyuan-Teegarten wieder hergestellt. Ich habe Tausende von Investoren an der Hand in die Stadt geführt, Milliarden von US-Dollar. Ich habe das

Volk ernährt. Schau in all diese jungen gesunden Gesichter.»

«Was hast du mit der russischen Kirche gemacht?», fragt mich Hui Chen.

«Ja», sage ich. «Aus der russischen Kirche habe ich das *Ashanti Restaurant & Bar* gemacht.»

«Warum?», fragen mich Hui Chen und Chi Jiang.

«Weil ihr Arschlöcher von Chinesen mich dazu angestiftet habt», erkläre ich ruhig.

«Über dem Eingang der orthodoxen Kirche hängt bei dir ein pausbackiger Mao mit Mütze an Stelle der Ikone», lacht Chi Jiang.

«Stimmt», gebe ich zu. «Alles Mögliche ist bei mir an die Wände gepinselt. Damit habe ich während der Kulturrevolution die Kirche vor der Verwüstung gerettet.»

Sie weigern sich, mich zu verstehen.

«Ich bin die Perle des Ostens», sage ich.

Sie schweigen.

«Ich bin das chinesische Paris. Ich bestehe aus Platanen und Magnolien. Jungs, lasst keine Papierdrachen auf meine Seele los!»

Zu sich selbst kann man, Indien und Indochina umschiffend, durch die ganze Welt übers Meer reisen, oder man kann auch mit dem Zug fahren, der ratternd Kilometer um Kilometer hinter sich lässt, durch Sibirien und Peking, während man sich gespannt auf die Begegnung vorbereitet. Es geht auch mit dem Auto oder auf dem Rücken eines Kamels, was wahrscheinlich am besten ist: Unter Qualen, Entbehrungen, mit einem Gerstenkorn am

Auge, ohne Eile, aber das wäre ein anderes Genre – die Expedition.

Aus Zeitmangel und Ungeduld und Faulheit wähle ich neun Stunden Flug mit einer Aeroflot-Maschine. Wie banal auch immer heutzutage ein Flug an sich sein mag, der sakrale Zeitbetrug, der Stundendiebstahl bleibt erhalten. Die unerwartete Landung im Zentrum seiner selbst führt zum alten Gedanken über Zufall und Gesetzmäßigkeit.

Ich bin mit Chinesen überbevölkert, eingehüllt in Hieroglyphen, Schilder, Lärm und Seide. In mir ist viel gelbes Wasser, das ins ostchinesische Meer fließt. Man kann mich mit Stäbchen essen wie Schweinefleisch mit Bambussprossen. Meine Taxifahrer mit ihren klapprigen Autos leben in der alten Zeit der Angst vor Ausländern. Sie fahren in höchster Panik mit offen stehenden Türen vor ihnen davon.

«Werd einfach Faschist», sagt Hui Chen. «Dann kehrt alles an seinen Platz zurück.»

«Öffne dein übermenschliches Herz für politische Mystik, und du bist gerettet», sagt Chi Jiang und bietet mir eine chinesische Zigarette an.

«Jetzt sind wir beim Kern der Sache», nicke ich. «Ich erkläre den Gulag zur Schule des Lebens. Ich streiche alles Negative aus den sowjetisch-deutschen Annalen, hasse die Juden und verfluche Amerika.»

Ich finde, dass ich in einer mir verständlichen Sprache spreche, und falls etwas nicht so ist, wie es sein soll, dann wechsle ich über ins Englische mit dieser gewissen explosiven Intonation der Erfolgreichen. Doch das ist, wie ich kapiert habe, immer noch zu schwach beschleunigt. Am Flughafen Shanghai behandelte man mich mit aufrichtiger Gleichgültigkeit. Der gläserne Kasten, kulinarisch in mundgerechte Stücke unterteilt, war von enormen Ausmaßen: Es gab Platz genug für alle. Ich stieg in einen Minibus, der mir von einem deutschen Versicherungsunternehmen geschickt worden war, und wurde über die Autobahn schnell in die ehemalige französische Konzession gebracht. In einem immergrünen Garten lag mein Hotel. Dort waren schon Nixon und Ho Chi Minh abgestiegen.

«In Poluschkino, meiner Datschasiedlung bei Moskau», sage ich zu Chi Jiang und Hui Chen, «nennt man ‹Shanghai› eine selbst gebaute Bretterbude gleich neben dem Gemüsebeet, die statt mit einem Zaun mit alten Türen oder metallenen Bettgestellen umgeben ist. In dieser Vorstellung von China liegt unsere ganze bescheidene russische Hochnäsigkeit.»

Doch mit solcherlei Sprüchen lassen sie sich nicht abspeisen. Da sie mich als Stadt der Zukunft anerkannt haben, wollen sie, dass ich am Antidrogentag ein paar Junkies mit einem Genickschuss erledige. Sie erwarten von mir nicht bloß Taten, sondern Eroberungen.

«Wir bauen dir zu Ehren einen Tempel, der tausend Mal majestätischer ist als der zur Erinnerung an General Huo Guan», sagt Chi Jiang zu mir. «Du musst nur lernen, die richtigen Worte zu sagen.»

«Geh in den Knast, ersauf in Scheiße, such den Betrug, und du wirst rein wie Eis», rät mir Hui Chen.

«Scheiß auf Europa», lehrt mich Chi Jiang. «Versetze

dein Volk mit dem Kampf für die richtige Sache in Erstaunen.»

«Erhebe dich mit dem Drachen der Verachtung auf einen hohen Berg, einen Schneehang, sieh von oben auf die Menge herab und sag ruhig: Still gestanden, Gesindel!», lächelt Hui Chen.

Ich weiß: Meine Freunde haben Recht. Interkontinentalraketen sind interessanter als angetrunkene Bohemiens und Dünnschiss nach übermäßigem Bierkonsum.

«Du hast immer um die Macht gekämpft, nur nicht auf der richtigen Seite», sagt der Meister der Gartenkunst der Ming-Dynastie.

«Konstantinopel muss unser sein», sage ich mit dem mir eigenen Humor.

Ich gehe in die russische Kirche, um nackte Frauen im Stil der italienischen Renaissance im Altarraum an die Wand zu malen. Im sonnigen Shanghai meines Kopfes tut sich Entscheidendes: Ich werde die Stadt mit einer superschnellen Methode umbauen und zur Erinnerung ausgewählte Brocken Erde konservieren. Ich möchte das Gebäude erhalten, in dem 1912 die Kommunistische Partei Chinas gegründet wurde. Ich brauche keine persönlichen Erinnerungen. Eine bessere Metapher für Verkalkung ist kaum denkbar. Meine ganze Stadt wurde innerhalb der letzten zehn Jahre abgerissen. Die noch erhaltenen Reste sind bereit, in zwei, drei Wochen liquidiert zu werden. Darin glimmt noch das alte Leben, an den Zweigen der Bäume hängt Wäsche. Etwas, das nach Scheiße riecht, verbrennt in kleinen Öfchen. Die Vergangenheit existiert nicht. Und obwohl sie in Gestalt von alten Männern mit Ohrenklappenmützen der chinesischen Volksarmee auf mir herumläuft, entbehrt sie ihres Inhalts. Ich lasse Mao auf den Yuan-Scheinen. Seine Büsten gebe ich auf den Flohmarkt.

Mao steht auf dem Flohmarkt zwischen grünen Buddhas, Tellern, Vasen, lebenden Vögeln, fetten Männern, die auf dem Bauch liegenden Mädchen den Arsch zeigen. Mao mit vorgestreckter Hand, die um eine milde Gabe bittet. Das Idol, vom Zeichen zum Abzeichen umgeschmolzen. Jeder Einwohner hat einen erstaunten Gesichtsausdruck. Angesichts der rasanten Veränderungen sind die Menschen durchgeknallt. Das Volk geht mit herausgerissener Zunge in die Zukunft.

Im Zentrum steht der Fernsehturm. Hier guckt man nicht Fernsehen, sondern Fernsehturm. Er ist der Feldherr. Dahinter Tausende von Wolkenkratzern. Im fünfundfünfzigsten Stock verwöhnen mich Geschäftsleute aus dem Westen mit italienischem Essen. Sie sagen, dass dreißig Prozent aller Baukräne der Welt in Shanghai stehen. Die Kähne auf dem Fluss fahren nicht, sie hüpfen. Sie sind zahlreicher als die Karpfen in den Teichen. Um Luschkow und die russische Regierung zu blamieren, sollte man sie nach Shanghai bringen, und zwar noch höher hinauf, in den achtzigsten Stock.

Was haben Sie eigentlich zehn Jahre lang gemacht?

Was in Moskau getan wurde, ist nur Schein. Shanghai hat New York in die Tasche gesteckt. In Shanghai werden jährlich zehn Millionen Mobiltelefone produziert. Da sitzt ein Chinese neben der letzten Hütte. Doch er hockt nicht untätig da, sondern kauft Altpapier auf.

Luschkow und die russische Regierung – runter mit ihnen aus dem achtzigsten Stock! Andererseits bin ich sicher, dass es nicht nur an ihnen liegt. Zum Internationalen Frauentag haben wir ganz Shanghai mit Frühlingswölkchen geschmückt. Die Chinesen strömen scharenweise mit Autobussen ins chinesische Venedig, um Dschunke zu fahren. Wer zu Hause geblieben ist, lässt Drachen in den Himmel steigen. In der Stadt gibt es wenig Autos.

«Zuerst müsst ihr den Kapitalismus fertig aufbauen, dann könnt ihr in der Gegend herumfahren», sage ich zu dem arbeitsamen Volk.

Nicht einmal Ausländer haben schicke Autos. Die Dschunken werden von Mädchen in blauen Blusen gesteuert. Das Heckruder wenden sie nach den Regeln des asiatischen Zweikampfs. Sie gleiten auf dem Wasser dahin und singen mit ihren Vogelstimmchen. Die Regierungsbeamten, die sich mit Korruption befassen, kriegen von Chi Jiang und Hui Chen in der Folterkammer den Genickschuss. Es spritzt das ruchlose Blut. In einem Trödelladen begrüßt mich der maoähnliche Besitzer. Kommunistische Geste.

«Guten Tag, Genosse.»

In der Stadt, in der Schaljapin gesungen und Wertinski sechs Jahre gelebt hat, in der russische Emigranten eigene Zeitungen und Zeitschriften herausgegeben haben, blühte auch die russische Prostitution. Ich habe immer gewusst, dass die russischen Weiber Flittchen sind. Aber ihre Anzahl und ihre Hingabe an den Beruf überall auf der Welt entzücken sogar mich. Ich bin ein Lichtbündel. Die ewige russische Krise ist mir zuwider, aber allein damit lässt sich das russische Gunstgewerbe nicht erfassen. Die zweite, etwas größere russische Kirche verwandle ich in eine Geschäftsbank. Der betrunkene Amerikaner ist mit einer Kasachin verheiratet. Wir fahren mit russischen Prostituierten zum Schaschlikessen. Unsere Tanjas und Nataschas mit ihren maskenhaft glatten slawischen Gesichtern haben mal pechschwarze, mal superblonde Haare.

«Sie sind ein sehr angenehmer Mensch», flöten die Mädels im Chor.

Die russische Flagge auf dem Konsulatsgebäude ist zwischen den Wolkenkratzern verschwunden. Den Fernen Osten zur Umerziehung abgeben. Meine Augen tränen und blinzeln vor lauter Lust, ein Chinese zu werden.

«Ich gehöre euch», sage ich heiser zu Chi Jiang und Hui Chen. «Nicht Prostitution und Syphilis will ich wählen, sondern die lichte Zukunft.»

Ich bin das zweiundzwanzigste Jahrhundert. Ich bin sein chinesisches Schaufenster. Hui Chen, bring mir einen Tee! Hol mir eine Melone! Als sentimentaler Ästhet wie alle Faschisten, als Liebhaber seltener Hunde und wissbegieriger Physiologe habe ich das gelbe sowjetische Geschenk restauriert, das total heruntergekommen war: Das Ausstellungsgebäude für die Errungenschaften der chinesischen Volkswirtschaft mit dem sowjetischen tiergesichtigen Giganten am Eingang, der an Ketten und Meridianen zerrt.

Ich baue die Kultur auf. Ich glaube an die Musik. In der Großen Philharmonie spielt der junge Pianist Li Shuang für tausend begeisterte Melomanen Chopin. Alle sitzen in Mänteln da. Bei mir wird keiner verhätschelt. Kampf der Kriminalität. China südlich des Yangtse wird prinzipiell nicht beheizt. Besonders feurig spielt Li Revolutionsschrott. Abend. Regen. Fahrräder. Gelbe Regenmäntel. Im Nachtclub sammle ich meine Gedanken und frage Chi Jiang:

«Wie steht es bei euch mit Dissidenten?»

«Gar nicht.»

«Weiß man eigentlich in China, dass Mao gern zwölfjährige Mädchen gebumst hat?»

«Er war auch ein Mensch», antwortet Hui Chen würdevoll und mit einem chinesischen Kichern. Er erklärt, dass die kommunistische Partei sich in einen kollektiven Imperator verwandelt habe. Ich gestatte den reichen Chinesen, in die KPC, Ortsverband Shanghai, einzutreten. Das chinesische Business basiert auf tausendjähriger chinesischer Intuition.

«Wir haben denen gar nichts beizubringen», sagen deutsche Geschäftsleute zu mir. «Höchste Zeit, dass wir Chinesisch lernen.»

«China – das heißt, den Drachen in sich haben», stimmen Chi Jiang und Hui Chen mir zu.

Ich kehre mit ihnen zum Jade-Buddha zurück. Vor uns liegt eine ganze Nacht voll von Verhöhnungen russischer Prostituierter, illegalen Shanghaier Massagen und Gebeten unter Wohlgerüchen bei stillem Sonnenaufgang. Ich schreite in Ohrenklappenmütze der chinesischen Volksarmee meine Besitzungen ab. Jeder Ausländer weiß, wie man Shanghai schnurstracks verlassen kann. Man zieht morgens ein T-Shirt mit dem Aufdruck FREIES TIBET über, geht damit auf die Straße, und noch am selben Abend findet man sich in Europa wieder.

Luxus
Paris

Ich fühlte, dass ich aus irgendeinem Grund auf den Tisch kletterte.

«Herr Direktor!», rief ich von oben herunter. «Ich nehme Kurs auf den Luxus. Nieder mit dem Brot! Es lebe der Kuchen!»

«Fallen Sie nicht runter!», stürzte der Direktor herbei, als er sah, dass ich auf der Gänseleberpastete ausrutschte.

Er fing mich in seinen Armen auf.

«Ach, ihr Russen seid so unvorsichtig!»

Der Weihnachtsempfang im Pariser *George V* war in vollem Gange. Die Lakaien überschlugen sich förmlich und bespritzten die lachenden und kreischenden Millionäre mit Dom Perignon aus Feuerlöschern. Die Damen beschmierten sich gegenseitig mit Beluga-Kaviar wie mit Schlamm. Der Direktor, schön wie die drei Musketiere, trug mich auf Händen. Als er sah, dass das Chaos nicht enden wollte, setzte er ein strahlendes Lächeln auf. Sein Gefolge, ein junger weiblicher PR-Manager in einem langschößigen grauen Gehrock, klatschte in die Hände und machte einige Tanzschritte. Der Ruf des besten Hotels der Welt war bestätigt.

«Modigliani», sagte der Direktor, während er mich mit aller Vorsicht auf den Boden setzte wie ein Schiff aufs Wasser, «segeln Sie auf Ihr schickes Zimmer ...»

«Ich will mehr.»

«Wovon?»

«Von allem.»

Ich hätte nie gedacht, dass Luxus einen Wirbelsturm der Gefühle in mir entfachen könnte. Wahrscheinlich hatte ich einfach nie über Luxus nachgedacht, der mir aus der Entfernung wie ein Minenfeld voller mit Brillanten behängter Modepuppen erschienen war. Und wozu auch darüber nachdenken, wo ihn Tolstoi und Proust doch schon für mich entlarvt hatten?

«Ich war neulich in Ihrer Ausstellung im Palais du Luxembourg», flüsterte mir der Direktor ehrerbietig ins Ohr. «Was für ein Erfolg! Die Schlange der schwarzen und bunten Regenschirme reichte bis zum Odéon-Theater. Sie haben bewiesen, dass Armut kein Gebrechen ist, wie Dostojewski annahm, sondern eine erotische Show. Wozu brauchen Sie Luxus?»

«In meiner Kultur, Herr Direktor, ist Luxus der Ursprung von Pathos und Gleichgültigkeit. In meiner Erziehung habe ich beim Thema Luxus immer nur Ablehnung und stummes Gelächter erfahren. Rauchen Sie?»

Der schnauzbärtige Herr der Gemächer machte das Fenster weit auf. Das Rauschen eines warmen Pariser Sommerabends drang in mich ein.

«Die Idee ‹im Luxus zu ertrinken›», sagte ich und zündete mir eine an, «entbehrt für mich einer metaphorischen

Unterfütterung: Ich bin bereit, mit diesen Ertrunkenen Mitleid zu haben.»

Wir schauten in den Saal. Die Damen schmierten einander immer noch mit Beluga-Kaviar ein.

«Besonders lächerlich finde ich die Darstellung von Luxus in der Werbung», fuhr ich fort. «Dieses billige Mischmasch aus Komfort, Eleganz und Atmosphäre, hergestellt von Dienstleistern, die um Luxus bloß herumscharwenzeln und in deren Wortschatz es überhaupt keine Worte gibt.»

Der Direktor runzelte die Brauen, bemüht, den Sinn zu erhaschen.

«Aber meine Dienstreise zum *George V* und seinem Pendant in Lissabon, dem *Ritz*, wird hoffentlich meine Empfindung für eine neue Anthropologie schärfen.»

«Erklären Sie mir das», flehte der Direktor.

«Nur wenn ich das Gesindel zerdrücke wie eine Zigarettenkippe, gebe ich der Fortsetzung des Lebens eine Chance. In der Epoche der Abschaffung von Ideologien und des Todes der humanen Utopie ist Luxus heilsam wie ein Entlassungsbericht. Der Dienst zum Wohle der Menschheit ist am Ende, Herr Direktor.»

«Als ehemaliger Marxist bin ich etwas feige», sagte der Direktor streng. «Was haben Sie für ein Programm?»

«Die Anziehungskraft des Luxus ist stärker als Lieder von der Brüderlichkeit. Wir brauchen Bucharins Losung ‹Bereichert euch!›. Nur indem ich Luxus um mich herum züchte und massenhaft Gegenstände kaufe, die nicht lebensnotwendig sind, kann ich meinem Land Nutzen bringen und andererseits selbst glücklich werden. Ihre französischen Intellektuellen lieben den Luxus nicht; er untergräbt deren Vorstellungen von einer illusorischen Welt und dem trügerischen Charakter von Liebe und Schönheit.»

«Luxus – das ist Illusion im Quadrat! Was erzählst du mir da! Ich habe Tag für Tag damit zu tun!»

Der Luxus begann zu strudeln und verschwand im Abflussrohr. An mehr erinnere ich mich nicht.

Am nächsten Morgen, während ich beobachtete, wie die Vorhänge sich blähten und die frühlingshafte Dezemberluft ihre Segel füllte, dachte ich bei einer Tasse Kaffee: Warum fühle ich mich in Paris so heimisch? Wenn ich unter den guten Wünschen für den Tag, mit denen mich die Portiers in ihren kecken Kappen überschütten, durch die Drehtür nach draußen gehe, komme ich endlich zu Hause an. Es riecht nach Buchsbaum. Der Geruch meiner Kindheit. Bis vor kurzem haben die Russen ihre Vorstellungen von Luxus hauptsächlich aus Führungen durch Paläste bezogen. Ich wüsste keinen einzigen anderen Begriff, zu dem die Russen ein derart angespanntes Verhältnis hätten wie zum Luxus. Er hat sich mit dem Begriff Raub vermischt, wobei allerdings unklar war, wer wen beraubt hat. Nichtsdestoweniger horchen alle mit offenen Mündern, wenn es um luxuriöses Leben geht, und insgeheim probieren sie aus, ob er ihnen gut stehen würde. Die Vorstellungen von Luxus haben sich bei der russischen Bevölkerung im öden Alltag verwirrt. In russischen Intellektuellenkreisen wurde lediglich vom Luxus der menschlichen Kommunikation gesprochen. «Ein Automobil», sagte, wer mehr Glück hatte als Andere und sich in einen mickrigen Saporoschez setzte, «ist kein Luxus, sondern ein Fortbewegungsmittel.» Ein Schaumbad zu nehmen, Kognak mit Zitrone zu trinken oder in sauberer Bettwäsche auszuschlafen – das sind in der Literatur bis heute die Kriterien für Luxus. Wanzenstinkende Tschernyschewskis! Wann krepiert ihr endlich?

Auf Zehenspitzen kam der Direktor herein.

«Wollen wir das Hotel besichtigen, was meinen Sie?», sagte er.

Morgens sah er schon nicht mehr aus wie die drei Musketiere. Vielleicht wie zwei. Aber nicht einer mehr. Die Zimmerfluchten des Hotels lassen sich in elf Kategorien unterteilen. Nach dem Besuch der königlichen Luxussuite (im Bad Jacuzzi mit Fernseher) für neuntausend Dollar pro Nacht erscheint ein gewöhnliches Zimmer, dessen Preis sieben Mal so hoch ist wie ein Zimmer in einem Drei-Sterne-Hotel, als dermaßen ärmliche Kemenate, dass ich beim Eintreten unwillkürlich in Tränen ausbrach.

«Modigliani, was ist los mit dir?», fragte der Direktor, während er mir ein sauberes Taschentuch von der Größe einer Tischdecke reichte.

«Der Anblick von Luxus der elften Kategorie lässt mich nicht über die Relativität des Eigentlichen nachdenken», gestand ich bei einem Bier in der Bar, «sondern über die Hierarchie in der Welt als nicht auszutreibende Form der Ordnung. Luxus ist nicht gut und nicht böse, aber er hat seine inneren Neurosen. Zu Sowjetzeiten gab es staatlichen Luxus. Über die ZK-Sanatorien waren Legenden im Umlauf. Aber der einzige Mensch, der etwas über echten Luxus wusste, war der Generalsekretär des ZK der KPdSU. Er besaß nichts, dafür hatte er alles, wie die russische Sprache die Besitzverhältnisse in unserem Land definierte: geliehener Luxus ohne Recht auf Weitergabe. In den ärmlichen Vorstellungen von Luxus, die unser Volk vereinten, war ein Element christlichen Zweifels erhalten: Brauchen wir das denn? Es war klar: Selbst wenn man ihn uns anböte, würden wir ihn nicht nehmen, um keinen Preis.»

«Ich kann Ihnen erzählen, was Luxus ist.» Der Direktor blickte sich um. «Aber hier sind Dienstboten ...»

Ich konnte mir nicht verkneifen auszurufen: «Nieder mit der Scham!»

«Dann sprich du eben», sagte der Direktor beleidigt.

«Luxus ist die Schwäche der Großen und die Stärke der Schwachen», sagte ich nach kurzem Nachdenken. «Darin besteht das erste Paradox. Luxus ist ursprünglich wählerisch, aber heutzutage – und das ist das zweite Paradox – ist er ein Allesfresser. Ein Luxushotel ist der einzige Ort, an dem sich ein berühmter Tenor und ein Schattenmillionär begegnen können.»

«Eine scheinbare Begegnung der realen Gleichheit des Geldes.» Der Direktor tippte mir mit dem Zeigefinger auf die Brust.

«Aber sie fixiert die Lage der Dinge», wandte ich ein und fuhr fort: «Luxus lässt sich nicht aus dem hohlen Bauch heraus analysieren. Im Falle von großen Persönlichkeiten ist er eine Laune, ein teures Spielzeug.»

«Oder ein Geschenk der dankbaren Menschheit», sagte der Direktor und trank sein Bier aus.

«Da kennst du dich besser aus», stimmte ich zu. «In den übrigen Fällen hängt das Verhältnis zum Luxus von den menschlichen Qualitäten ab. Wenn ich ein Luxusauto nur für mich selbst kaufe und mich nicht um die Meinung meiner Umgebung schere, dann löse ich den Luxus in meinem eigenen Vergnügen auf. Aber wenn ich durch Luxus Selbstbestätigung finde, dann ist er für mich eine pathetische Form von Prestige.»

«Du Neubekehrter! Selbst der Kauf eines teuren Autos verändert die Weltanschauung bis hin zur Verachtung von Menschen mit Kleinwagen. Die Welt verwandelt sich in einen Ameisenhaufen von Unglücksraben.»

«Halt», sagte ich. «Der Dom Perignon, mit dem gestern die Millionäre geduscht wurden, Zobelpelze, dicke Brillanten, Versace-Anzüge, Ferraris, Hennessy Timeless – jeder Luxusgegenstand erhebt den Anspruch, ein Kunstwerk zu sein.»

«Das sind alles nur Werbepausen», lächelte spöttisch der Direktor.

«Guter Mann! Luxus – das ist das Absolute aller Werte, die sich als wertvoll bezeichnen. Darin besteht das dritte Paradox des Luxus. Seiner ursprünglichen Idee nach ist Luxus teurer als Geld. Er ist ein Atavismus, der darwinistische Kampf um die Existenz und schließlich das Emblem der Macht, das historisch dem Imageaufbau der Aristokratie diente.»

«Du sprichst von der Monarchie als Wiege des Luxus.»

«Komm, ich bestell dir noch ein Bier», schlug ich vor. «Auf meine Rechnung.»

«Das Bier bei uns kostet so viel wie ein Fabergé-Ei. Ich bestell mir lieber selbst eins.»

«Die Monarchie ist die Wiege des Luxus», stimmte ich zu. «Aber sieh mal, wenn die Monarchie ein alter Zopf geworden ist, dann werden auch die Idole ersetzt. Der Luxus kommt unter den Hammer. Darin besteht seine metaphysische Verwundbarkeit. Nach Luxus streben diejenigen, die sich Ewigkeit zusammenkaufen (Antiquitäten gehören zu den Symbolen für Ewigkeit), und die Ewigkeit drückt sich für diese Leute in einem materiellen Äquivalent aus. Darum gibt es auch in deinem Hotel, zwei Minuten Fußweg entfernt von den Champs-Élysées, vor allem Amerikaner. Sie werden von den Luxusverkäufern hierher geschickt. Ich habe sie gestern Abend beim Cocktail gesehen. Ganzjährig gebräunte Sugar-Daddies und gelbe Verführerkrawatten.»

«Tourismus-Agenten sind die Stütze des Hotels», lächelte der Direktor.

«Die Amerikaner kennen den Wert wertvoller Dinge, einschließlich Gott. Heute kostet Gott mehr als ein Porsche, aber etwas weniger als ein Privatflugzeug.»

«Es gibt keinen Gott», sagte der Direktor.

«Du bist ja ein richtiger Masochist.»

Luxus beginnt mit der Garderobe im Foyer, falls man den Pariser Flughafen Charles de Gaulle als Garderobe bezeichnen kann. Luxus ist stärker als alle Grenzen, denn die Dame vom Hotel, die mich abholte, war wichtiger als

Visa und Formalitäten: Ich passierte die Schengen-Barriere, ohne meinen Pass gezeigt zu haben. In der Limousine übergab mir der bedingungslos ergebene Chauffeur sein «portable»; der Hoteldirektor konnte es nicht erwarten zu erfahren, was ich zum Frühstück essen wollte. Der Überfluss an Croissants erinnerte mich an die moslemische Konzeption des Paradieses, wo man in Hülle und Fülle zu essen hat, ohne seinen Hintern vom Teppich zu heben.

Im *George V* bewohne ich eine *Suite spéciale* – auf Russisch «ljux» –, die über hundert Quadratmeter groß ist, in der mich alles, mit Ausnahme von zwei mit modernster Sanitärtechnik ausgestatteten Badezimmern, an Napoleon erinnert. Hier eine Büste von Bonaparte selbst, da ein Porträt Joséphines, dort Mobiliar aus der Epoche des Kaiserreiches – alles so echt, dass Napoleon persönlich Stammgast dieser Gemächer gewesen zu sein scheint, bevor er nach Sankt Helena ging und mir seine Büste vermachte. In den napoleonischen Zimmerfluchten werde ich vier Tage lang von napoleonischem Geist durchtränkt wie die Napoleonschnitte von Creme. Der ehemalige französische Botschafter in Moskau, Henri Froment-Meurice, der mich besuchte, sah sich in meiner Luxussuite um und fragte verwirrt, ob ich Ministerpräsident geworden sei. Jedenfalls benahm er sich wie gegenüber einem Ranghöheren.

Napoleons Wahl scheint mir kein Zufall gewesen zu sein. Die Engländer nennen ihn ein Genie der Eigenwerbung. Ich trete hinaus auf die grenzenlose Terrasse – mein Besitz – von der aus ich – wie Napoleon vom Poklonnaja Gora auf Moskau – Paris betrachte, als sei es zum ersten Mal. Mir fehlen nur noch Dreispitz und Fernrohr, aber wenn ich den Room Service anriefe, würde man mich umgehend damit versorgen, so wie ich von morgens bis abends mit exotischen Früchten, Weintrauben, roten Johannisbeeren und einer Pralinenwolke versorgt werde. Paris von der Terrasse des *George V* sieht ganz anders aus als vom Fenster eines Hotels auf dem Montparnasse. Es sieht aus wie eine eroberte Stadt. Die Franzosen sehen aus wie Französlein in einer Operette. Gleich fangen sie alle an zu singen.

Einmal erzählten mir irgendwelche Schweden vom Nobelpreiskomitee, dass die Pracht des Moskauer Kreml sie unangenehm berührt hätte – all die kunstvoll ausgemalten Paläste mit ihrer byzantinisch politischen Schrulligkeit. Ich pflichtete ihnen bei, während wir in einer nüchternen Stockholmer Eingangshalle standen. Der Luxus üppiger Paläste ist eine bewusste Aggression der Staatsmacht, die auf die Vernichtung von Widerstand, die Unterdrückung des Gegners abzielt. Der Kreml ist lediglich die Kehrseite eines Gefängnisses. Indes bezweckt eine Massage mit heißen Steinen nach alter südamerikanischer Indianertradition, wie sie das *George V* anbietet, wohl kaum die Unterdrückung der menschlichen Persönlichkeit. Die Persönlichkeit löst sich auf. Wenn man einem Schriftsteller heiße polierte Steine in die Hände und eben solche Steine auf die Füße legt, wird sich sein Bewusstsein nicht lange sträuben. Es fliegt davon bei der ersten Berührung der kräftig gebauten französischen Masseuse, die seinen Rücken mit eben solchen polierten Steinen bearbeitet. Der Schriftsteller verfällt in einen Zustand kosmischer Prostration, wie ihn keine buddhistische Meditation je auslösen könnte. Er fühlt sich als Teil des Universums, denn etwas anderes ist ihm nicht gegeben.

Wenn man sich in ein kosmisches Nichts verwandelt, sieht man in die Zukunft. Ich sehe vor meinem geistigen Auge, wie ich nach meiner Rückkehr nach Moskau in einer frostigen Nacht auf die Datscha fahre; die Sichel des jungen Mondes steht über dem Dorfkonsum, der jetzt Minimarket heißt, ich lenke den Wagen durchs Tor der Datschasiedlung Krasnowidowo vors Haus und versinke in einer Schneewehe. Ich halte die heißen Steine in den Händen und manövriere verzweifelt, die Reifen drehen durch. Ich steige aus dem Auto, stapfe durch den knirschenden Schnee zum Wächter, einem Milizionär namens Iwan.

«Iwan», sage ich, «hilf mir mal eben.»

«Allein schaff ich das nicht», sagt Iwan.

Wir setzen uns Richtung Kesselhaus in Bewegung, um Hilfe zu holen. Wir drücken auf die Klingel, die heiser schellt. Klingeln noch einmal. Schritte sind zu hören.

«Wer da?», ruft eine weibliche Stimme.

«Sommergäste», antworte ich der Jahreszeit nicht angemessen.

Die Metalltür wird geöffnet. Auf der Schwelle zum Kesselhaus steht eine Frau undefinierbaren Alters, sie hätte fünfzig oder auch achtzig sein können. Die Frau betrachtet uns. Mich mit der großen Wolfspelzmütze aus Alaska und den kleinen Iwan in sommerlicher Schirmmütze mit keck im Mundwinkel hängender, qualmender Zigarette.

«Gibt es Männer bei Ihnen?», frage ich die Heizerin.

Sie mustert uns noch einmal.

«Ich brauch keine Männer!» Und knallt die Tür zu. Das Echo fügt einen weiteren Knall hinzu. Iwan und ich wechseln einen Blick.

«Nur so geht's!», sage ich erstaunt.

Aber noch erstaunlicher war Edouard Manet, der in meinem Kopf, in buntem Durcheinander mit alten spanischen Meistern, vor allem mit Velázquez, ausgestellt war. Plötzlich wurde klar, woher was kam: sowohl das Frühstück im Freien als auch der Pfeifer und das Zola-Porträt. Ich begriff, warum sie alle so gelbliche spanische Visagen haben. Anstelle der Idee der verbrieften, von Raffael erprobten Ewigkeit brachten die Spanier das Erleben des Moments ein, das den vom Salon abgewiesenen Manet beeinflusste und sich in ein Feld von Punkten und Impressionen verwandelte, die wir als Begeisterung für das Neue, eine Mode und den Formalismus austragen, der von der sowjetischen Kritik so gescholten wurde. Genau hier ist die Welt aus dem Gleis gesprungen. Die sowjetischen Kunsthistoriker dienten, ohne es zu wissen, nicht dem Marxismus, sondern dem Gott der Objektivität. Mit heißen Steinen auf dem Massagetisch liegend, rief ich Manet zu mir, da wir beide auf dem Programm der menschlichen Komödie standen, und ich war beeindruckt von seiner Rolle bei der Transformation der Welt. Er hat die ganze Flottille modernistischer Werte nach sich gezogen. Aber aus dem Gespräch wurde nichts. Wie dem auch sei, dieses Geheimnis behalte ich für mich.

Die sagenhaften erotischen Thai-Massagen schrumpfen zu pubertären Anekdoten über den Reiz von oralem Sex. Man erhebt sich nach einer indianischen Massage mit heißen Steinen eher beschämt ob seiner früheren Vorurteile als beflügelt von neuen Lastern. Luxus wirkt heilsam auf mich. Man möchte hell und gesund sein – ein Wunsch, der sich selten in einen russischen Kopf verirrt. Das Fitness-Center im *George V* verheißt Lebensverlängerung, noch bevor man sich klonen lassen kann. Auf dem endlosen Band der Existenz, zwischen Geräten zur Imitation von natürlichen Bewegungsabläufen marschieren Amerikaner unterschiedlicher Hautfarbe, die sich ihrem Präsidenten gegenüber verpflichtet haben, alle anderen zu überholen.

Natürlich begann ich mit Berechnungen. Der ureigene russische Argwohn verlangt nach einer endlosen Inventarisierung von anwesenden Gegenständen, einzelnen Schicksalen und nach Eschatologie. Während ich im Schwimmbad, gestaltet als Park wie in Versailles mit Federwölkchen über mir, meine Bahnen zog, überschlug ich ohne Taschenrechner, dass der Preis für mein Zimmer in der Minute drei Dollar betrug. Und selbst wenn ich diese Erkenntnis durch den Gedanken abmilderte, dass mein amerikanisches Lieblingsmagazin mir, wenn ich in Form war, drei Dollar pro Wort zahlte, ich also mit dem Luxus quitt war, musste ich doch zugeben, dass ich den falschen Weg eingeschlagen hatte. Obwohl ich mich längst von der Idee verabschiedet hatte, mein Leben im Einklang mit den Leiden des afrikanischen Stammes aufzubauen, der am Kongo nach allen Regeln der Unmenschlichkeit von seinen Nachbarstämmen niedergemetzelt wurde, bin ich doch einer Schnecke ähnlich, die eine Schleimspur hinterlässt. Das sagte ich auch dem Direktor:

«Ich bin wie eine Schnecke.»

Ich sagte nach der Massage mit den heißen Steinen zum Direktor:

«Ich weiß jetzt, dass Luxus eine Schau unmenschlicher Würde ist. Hier wird kein afrikanischer Stamm niedergemetzelt, sondern das Recht auf Skeptizismus, und damit befasst sich das gesamte Personal des Hotels, von dir angefangen bis zum Concierge.»

Auf dem Boden des Schwimmbeckens spaziert ein schwarzhaariger orientalischer Prinz mit behaartem Rücken und vollkommen unbehaarter Brust. Auf seinen Armen trägt er eine französische Schöne im hellblauen Badeanzug – eine Wasserpuppe, wie sie auf der Place Pigalle verkauft wird. Er sagt zu ihr:

«Je t'aime, je t'aime.»

Die Erscheinung des orientalischen Prinzen lässt mich an den Besitzer des Hotels denken, das vor vier Jahren von Grund auf renoviert wurde. Es gibt schöpferische Geheimnisse, die nicht preisgegeben werden dürfen. Die äußerst dezente PR-Managerin des Hotels im langen Gehrock und der Direktor erwarteten von mir, dass ich sie in die Mangel nehmen würde, um journalistisch verwertbare Geständnisse darüber aus ihnen herauszuquetschen, wie viele Jessenins aus aller Welt sich in den Luxussuiten erhängt haben. Die PR-Managerin überging dezent die Frage nach dem saudischen Prinzen, dem Hausherrn dieser Hotelkette (über den mich bereits in Moskau ein befreundeter Fernsehjournalist informiert hatte). Unter den aktuellen internationalen Bedingungen über den Prinzen zu sprechen, ist ein Tabu, ebenso wie für einen Schriftsteller zu gestehen, welche Welt ihn mit Energie bedient: die erhabene oder die niedere.

«Tatsächlich interessiert mich die Technik des Luxus», sagte ich zum Direktor.

«Es ist Zeit, etwas zu sich zu nehmen», antwortete er.

Das Weihnachtsdiner im Hotelrestaurant *Le Cinq* dauert vier Stunden. Das Menü zu beschreiben, gehört nicht zu meiner Vorstellung von Luxus. Luxus gibt sich nicht mit detaillierten Beschreibungen ab. Aus Zerstreutheit habe ich mein persönliches Menü auf dem Tisch im Restaurant liegen lassen. Die Gänge luxuriöser Nahrung enthalten in der Regel einige Gramm Sewruga-Kaviar, kleine Amusegeules, zarten, schlabberig aussehenden Porree, Trüffel, Gänseleberpastete, in die ich während des Cocktails hineintappte. Und natürlich Hummer und irgendein Kleinwild, dessen Knöchelchen mit einem spitzenartigen Etwas verziert waren, das wie Damenslip und Kochmütze zugleich aussah. Zum Essen nehmen Sie einen guten Jahrgang Saint Emillion, aber für den Anfang trinken Sie erst einmal zwei Gläser Champagner. Später das Dessert, Tee und eine weitere Pralinenwolke. Erst in einem Luxushotel versteht man, dass Schokolade in der französischen Kultur keine geringere Rolle spielt als Gotik und Victor Hugo. Schokolade finden Sie in Ihrer Suite auf Tischchen und

Kissen sowie auch unter den letzteren. Luxus versetzt Sie in die Kindheit zurück.

Der legendäre Chefkoch des Restaurants, 1996 zum besten Arbeiter Frankreichs gekürt, prügelte sich während des Essens beinahe mit mir. Zu allen Gästen kam er mit fröhlichem Gesicht, auf mich stürzte er sich mit Fäusten. Er war, müssen Sie wissen, beleidigt, dass seine Gerichte in halb verzehrtem Zustand, auf meinem Teller ein wenig verschmiert, von meiner Begleiterin mit einer winzigen Kamera (eine Minolta, 1300 Dollar, ein Luxusmodell und Geschenk) fotografiert wurde. Der Koch fasste das als Verhöhnung und als Verletzung seines Copyrights auf. Er brachte mir sein Missfallen mit recht proletarischer Direktheit zum Ausdruck und haute mir praktisch eine in die Fresse, womit er einen Fischschwarm aus Kellnerinnen und Kellnern in Angst und Schrecken versetzte. Dann kamen sie erneut herangeschwommen, als wäre nichts vorgefallen. Übrigens wurden sie zum Dessert durch das Auftauchen meines französischen Bekannten, eines Zirkusartisten aus Nanterre, der vom Protokoll nicht vorgesehen und zudem ohne Jackett gekommen war, erneut in Aufregung versetzt. Sie zogen dem Kraftprotz, der bei seinen Vorstellungen je fünf Menschen auf jeder Schulter stemmt, ein enges Leihjackett an, das aussah wie eine Zwangsjacke, was den armen Serge daran hinderte, auch nur irgendetwas zu essen oder zu trinken.

Die Bedienung im Restaurant erinnert an eine Massenvergewaltigung durch Sanftheit und Selbstwertgefühl. Die ganze Zeit vergewaltigen sie uns, ununterbrochen, von verschiedenen Seiten, mit so viel Gefühl, als seien sie nur deshalb geboren worden, um uns zu bedienen, nach uns abzuräumen und dann zu sterben. Sich vorzustellen, dass sie es nach Ihrem schwer auszusprechenden russischen Familiennamen wagen könnten, Sie zu betrügen und ebenso intim den Namen eines Anderen auszusprechen, ist unmöglich. Luxus hat einen persönlichen Charakter. Damit ich meinen Namen im Nirwana nicht vergesse, erinnert mich jedes Zimmermädchen immer wieder daran, wie ich heiße. Während das Verhältnis zum Koch sich weniger gut gestaltet hatte, zeigte mir Sommelier Eric Beaumard tief unter dem Hotel seinen labyrinthischen Weinkeller, wo man sich im Fall eines Krieges gegen ungebetene «Freunde» des schon erwähnten Hausherrn verstecken könnte. Dort hätte man einiges zu trinken, während man mit Gasmaske dasäße: Fünfunddreißig Tausend Flaschen prächtigen Weins liegen auf Steinen, die vom Bau des Triumphbogens übrig geblieben sind. Der älteste Wein, ein portugiesischer Portwein, abgefüllt 1827, hätte noch Puschkin kredenzt werden können, wenn es jemandem eingefallen wäre, ihn nach Paris einzuladen. Exklusive Sammlerweine sind ein fester Bestandteil von Luxus, ebenso wie die flämischen Gobelins aus dem 17. Jahrhundert, die in der Hotelgalerie hängen, wo exklusive Teesorten serviert werden. Alles basiert auf Auswahl und Auslese. Die Hoteleinladungen zum Cocktail sind in einer gezierten Schrift von Damenhand verfasst, die Schönschrift beherrscht, aber von Computern nichts weiß. Formal gesehen ist Luxus nichts anderes als ein Kodex handgemachter Exklusivitäten.

Das weihnachtliche Publikum im Restaurant mit siebzig Plätzen war zahlreich, aber wenig einprägsam. Eine Ausnahme machte ein französisches Paar am Nebentisch. Beide waren um die achtzig, und nach den zu uns herüberfliegenden Wortfetzen zu urteilen, stellten sie auch nach sechzig Jahren noch ein heimliches Liebespaar dar. Großbürgertum mit Kropf, Pigmentflecken und moralischen Überzeugungen, das nicht geneigt war, seine gefährliche Beziehung zu verändern. Nach dem Essen verschwanden sie aufs Zimmer, und dort zog sie vor ihm wie immer ihre hellblauen Strümpfe aus. Was soll man dazu sagen – auch das ist Luxus.

Dieses Weihnachtsfest in Paris war das wärmste seit hundert Jahren. Der Eiffelturm sah aus wie ein Blumenstrauß. War das Fotografieren des Essens ein Schnitzer gewesen, so beging ich den zweiten im Gespräch mit dem Floristen. Zu Weihnachten war das *George V* mit Millionen von weißen Blumen dekoriert. Der Direktor sagte nicht umsonst (ich habe vergessen, dies anzumerken), im *George V* finde man «duftenden Luxus». Die Blumen arrangiert der weltbekannte Jeff Leatham, der aus dem entlegenen Staat Utah stammt: Tadelloses schwules Äußeres, Ring im Ohr. Bevor er Florist wurde, war er Model. Jeff lehnte es ab, fotografiert zu werden; er sagte, er sei erkältet, aber dann vergaß er, dass er erkältet war und ließ sich fotografieren. Jede Woche bringt ihm ein Lastwagen Blumen aus Holland. Jeff arbeitet sehr kühn mit den Blumen. Manche Sträuße steckt er mit den Köpfen nach unten in riesige Vasen; aus den durchsichtigen Vasen gucken die

Stengel heraus, und die Blüten schwimmen unter Wasser. Aber Jeffs Trademark sind die aus Vasen herausspringenden Sträuße: Sie sind kurz davor, auf den Boden zu fallen. Die herausspringenden Blumen besitzen die Energie reiner Freude. Sie sind wie Bahnhofsumarmungen, wenn sich Leute gegenseitig um den Hals fallen und kurz für ein Foto still halten, das irgendein Vetter macht, dem familiäre Emotionen fern liegen. Jeff ist genau das – ein entfernter Verwandter aller Hotelbegegnungen. Er hat bewiesen, dass luxuriöses Interieur nicht konventionell sein darf. Konventionelle Blumensträuße gibt es reichlich in allen Hotels der Welt, von Obdachlosenasylen abgesehen. Diese Blumensträuße erklären Ihnen: Das Hotel knausert nicht. Doch durch ihre Aufdringlichkeit ruft die Erklärung Zweifel bei Ihnen hervor. Nachdem ich die floristische Berühmtheit mit einigen schlichten Vermutungen über ihr Schaffen aufgemuntert hatte, bekam ich zur Belohnung eine Frage über russische Blumen gestellt.

«Haben Sie schon mal Kokain geschnupft?», fragte ich meinerseits den Floristen, der vor Paris in schicken Hotels in Beverley Hills und Las Vegas gearbeitet hatte.

Der Florist starrte mich an, augenblicklich in einen Amerikaner aus dem Staat Utah verwandelt. Er sagte weder ja noch nein, was ihm offenbar in den letzten zehn Jahren nicht mehr passiert war.

«Die rosa Feuerkraut-Felder im russischen Norden sind wie Kokain-Visionen», verkündete ich freundschaftlich.

Jeff strahlte vor Wiedererkennensfreude. Da fragte ich: «Haben Sie keine Angst, mit Leichen zu arbeiten?»

«Leichen?»

«Abgeschnittene Blumen – das sind doch Leichen.»

«Wieso Leichen?»

«Sie sind tot, und sie faulen. Man muss sie jeden Tag auswechseln. Das ist so, wie wenn man weiß geschminkte Tote im Hotelfoyer ausstellen würde.»

«Blumen sind nicht tot», sagte Jeff fassungslos, der gerade den letzten Rest seines wohl erworbenen mondänen Auftretens verlor.

«Das ist nur eine Meinung», widersprach ich ruhig.

Ich begriff, dass Jeff weder als schwules Model noch als Florist je über die verdammten Fragen abgeschnittener Blumen als Zeichen für «luxuriösen Tod» nachgedacht hatte, Fragen, von denen es im Kopf eines russischen Schriftstellers nur so wimmelt. Als der Florist mit einem unsicheren Winken gegangen war, blieb der Schriftsteller in der Bar zurück und fand, dass der Florist der Todesstrafe nicht würdig war. Wenn er über Blumenleichen nachdenkt, nützt das seinen herausspringenden Sträußen nichts, und wenn er nicht darüber nachdenkt, nützt das ihm selbst nichts. Doch der Nützlichkeitsgedanke erschien mir in diesem Fall als nicht ganz richtig. Am Abend beschwerte ich mich beim Direktor über mich selbst:

«Wenn ein Vegetarier zu mir sagt, dass ich Tierleichen esse, dann halte ich das eher für eine Taktlosigkeit als für eine Offenbarung. Die Welt ist so konstruiert, dass ihre Unvollkommenheit offensichtlich erscheint, aber zwischen Schein und Wirklichkeit steht immer die Mauer der Gesetzmäßigkeit.»

«Erzähl mir von russischen Hotels», bat der Direktor.

«Lieber nicht.»

So viele Menschen bei uns ertrinken im Sommer in irgendwelchen Gewässern und erfrieren im Winter, dass wir Leichenhallen brauchen und keine Hotels. Ich mag russische Hotels nicht, wo das misstrauische Personal allen Grund hat, den Kunden nicht über den Weg zu trauen. Der arabische Besitzer des *George V* hat ein Hotel in Prag eröffnet und denkt darüber nach, weiter nach Osten, einschließlich Moskau zu gehen. Das ist eine richtige Idee. In Moskau finden sich bestimmt nicht wenig Leute, die bereit wären, sich im Luxus der Hotelkette *Vier Jahreszeiten* einzuquartieren. Ich verliere nicht die Hoffnung, dass sich die Situation bessert und wir uns in zwei, drei Generationen endlich zuerst Riga und dann Prag angenähert haben werden.

«Dein Hotel hat mich auf die Frage gebracht, was ein Fünfsterneschriftsteller ist», sagte ich am letzten Morgen zum Direktor. «Das ist ein Luxustier. Es ernährt sich von Beleidigungen von Freund und Feind, deren Unterschiede ihm egal sind. Mit Menschen hat es wenig gemein. Im Unterschied zu ihnen lässt es sich nicht über Einzelheiten des Daseins aus. Es ist zu reich an Phantasien, um sie gegen Geld einzutauschen.»

Trauerte ich dem *George V* nach? Wollte ich an den Ort zurück, wo ich als Vertreter Napoleons gearbeitet hatte? Ich verstand die ganze Doppeldeutigkeit der Lage eines «Napoleon-Ersatzes», aber ich wollte gern vor der Abreise nach Lissabon dem Direktor meine Gedanken über den

Sinn des Schöpfertums in einer unvollkommenen Welt mitteilen.

«In Russland gibt es keine literarischen Instanzen, die den Leser mit der wohlwollenden Würde des Personals vom *George V* betrachten würden. Letzten Endes ist es unwichtig, inwieweit die persönlichen Qualitäten der französischen Masseuse der Qualität ihrer Massage entsprechen; die Bedingungen des Hotelalltags zwingen sie jedoch, den Kunden ihre Schokoladenseite zu zeigen. Bei uns besteht die exklusive literarische Massage darin, dass man dem Leser Scheiße einmassiert.»

«Die Literatur in Russland hat keine Angst, prätentiös zu erscheinen», wiegte der Direktor den Kopf. Nach kurzem Schweigen sagte er: «Es gibt nichts Schrecklicheres im Luxus als Glamour. Besonders glamouröse Frauen erschrecken mich.»

Noch nicht zufrieden mit meinen Erkenntnissen über den Luxus, schickte die Hotelkette *Vier Jahreszeiten* den Schriftsteller in ihr *Ritz* nach Lissabon. Doch wie sehr unterscheidet sich das mit lateinischen Buchstaben geschriebene *Ritz*, wo jeder Buchstabe sich luxuriös schlängelt, von der Moskauer Frühgeburt des *Ritz*, geschrieben in den Zeichen von РИТЦ und Method. Wenn Talleyrand gesagt hat, dass alles Maßlose unbedeutend sei, dann wirkt das *Ritz* in diesem Kontext absolut beeindruckend. Nicht umsonst hat Salazar persönlich die Beendigung seines Baus in einem speziellen Brief vom 25. November 1959 an den Investor und an das Volk gerühmt. Der Luxus hatte sich zum zarten Herzen des Diktators Zugang verschafft.

«Von seinen architektonischen Qualitäten her unterscheidet sich das *Ritz* wenig vom großzügigen Modernismus des Hotels *Rossija*», schrieb ich auf einer Postkarte aus Lissabon an den Direktor nach Paris. «Aber das *Rossija* von Lissabon fiel in die guten Hände der Junta, und alle Großen der Welt stiegen hier ab, inklusive Tschernomyrdin. Lissabon war für mich Liebe auf den ersten Blick – die alten Straßenbahnen, die Tejo-Mündung, die Staatsflagge der Portugiesen, die ein bisschen afrikanisch aussieht, und das portugiesische Wort ‹obrigado›, das ‹danke› bedeutet und die linguistischen Wurzeln des hiesigen Faschismus erklärt – ungeachtet dessen, dass mein Frühstückskellner sich bei mir für das Wetter entschuldigte. Ende Dezember sind es nicht mehr als siebzehn Grad im Schatten. Ich sehe, dass der Service im *Ritz* fähig ist zu christlicher Reue.»

«Weißt du, ich glaube, jetzt habe ich verstanden», schrieb mir der Direktor aus Paris zur Antwort. «Luxus, das ist nicht der Swimmingpool oder die Uhr von Cartier. Luxus, das ist der graue Staub auf der Fensterbank, den meine Putzfrau wegzuwischen vergessen hat.»

Ein alter armenischer Wirtschaftswissenschaftler sagte einmal zu mir, dass wir in fünfzehn Jahren, falls keine Pest oder Geldentwertung dazwischen kommt, leben werden wie in Portugal. Also, wenn er meint, wie im dortigen *Ritz*, dann wäre das einfach märchenhaft! Ganz Moskau sollte bei Gelegenheit mal im *Ritz* vorbeischauen, um mit gutmütigem Lächeln einen Blick auf unsere Zukunft zu werfen. Vielleicht hat mir Napoleon, Portugals Feind, dort gefehlt, aber vom Fado – den traurigen Seemannsliedern

Lissabons – sitzt mir jetzt noch ein Kloß in der Kehle: Ich habe zuviel von irgendeinem Meeresfisch gegessen, der zu meinem Unglück an jenem Morgen gefangen wurde. Er kam auf dem Servierwagen angefahren – hellblau wie der Kittel einer Operationsschwester. Herr Direktor, schreiben Sie mir Briefe über den Luxus! Wie gern würde ich zu Ihnen nach Paris zurückkehren, aber die grausamen Piloten der *Air France* haben mich Iwan, dem Dorfmilizionär, ausgeliefert.

Stört die Worte nicht

Serbien

Falls Männer eine Zukunft haben, fragen Sie Pavic danach – mit seinen dreiundsiebzig Jahren hat der lebende Klassiker der serbischen Literatur noch rosa Lippen, rote Bäckchen, leuchtende Augen und die glatte Stirn einer jungen Frau. Und ebenso wie sie keinen Bauch. Doch kaum blinzelt Pavic, und das tut er genüsslich, sieht er einem gepflegten Kater ähnlich, der gerade viel Smetana gefressen hat. Pavic hat sehr viel Smetana gegessen; seine Bücher werden in der ganzen Welt gelesen. Er kleidet sich wie er blinzelt, mit großem Vergnügen, doch alles in Maßen; im Restaurant sieht er aus wie ein französischer Existentialist im dunkelroten Pullover; auf der Straße erinnert er in seiner schwarzen Lederjacke mit Stehkragen an einen Pastor, der eigenhändig Tausende von einheimischen Lesern mit Widmungen gesegnet hat. Er kommandiert den Kellner herum wie ein kleiner Prinz, wedelt leicht kapriziös mit seinem Händchen:

«Mini, was habt ihr denn heute besonders Gutes?»

Mini entfernt sich rasch unter Beachtung erstklassiger balkanischer Kellnermanieren, mit dem Hintern zuerst, doch in seinem Gesicht leuchtet die Ergebenheit des Kellners wie auch des Lesers.

Wir befinden uns im Epizentrum des kulturellen Lebens von Belgrad: Unter uns ein Buchladen und ein Internet-Café, auf der einen Seite die philosophische, auf der anderen die philologische Fakultät.

«Ich habe die russische Sprache drei Mal vergessen», sagt Pavic bedächtig, die russischen Worte weich aussprechend. «Ich habe sie während der deutschen Okkupation gelernt. Unter den Deutschen durfte weder Russisch noch Englisch gelehrt werden. Ich wollte beides lernen.»

Ich habe es leicht mit Pavic: Er ist offensichtlich stolz darauf, dass er, der sich Jahrzehnte lang mit Philosophie und Philologie befasste, seine Gelehrtheit und sich selbst überwand, doch nichtsdestoweniger die griechische und byzantinische Rhetorik zur Grundlage seines Schreibens machte:

«Unsere kulturellen Nachbarn haben mich den Klang des Wortes gelehrt.» In Pavics Augen erscheint leichter Hochmut. «Das Wort muss klangvoll sein.»

«Und wie erreichen Sie das?»

Pavic ist klug. Er wittert in meiner Frage die entfernte Möglichkeit einer Falle. Sofort tauscht er Überheblichkeit gegen Bescheidenheit:

«In der Literatur gibt es nur eine Regel: Stört die Worte nicht.»

Dem kann man unmöglich widersprechen. Wir stoßen an. Ich weiß, wie schwer es ist, sich dieses Prinzip bewusst zu machen, aber es ist weitaus schwerer, es umzusetzen. Bei meiner Begegnung mit Belgrader Studenten rief die Erwähnung Pavics säuerliche Reaktionen hervor. Allem

Anschein nach spielte dieses Prinzip in den frühen Erzählungen eine Rolle, und danach kamen nur mehr intellektuelle Spielereien. Weiß Gott, ich bin kein Kenner von Pavic. Außerdem beginnt er mir dezent Komplimente zu machen, vergleicht mich mit Michail Bulgakow und Gombrowicz. Ich widme mich still meinem Steak. Ich gebe den Ball zurück. Wir sprechen über seinen enormen Erfolg in Russland. Natürlich ist er glücklich. Welcher Serbe liebt Russland nicht? Ich bin bisher noch keinem begegnet.

Ich war noch gar nicht richtig in Belgrad angekommen, da hörte ich schon von allen Seiten, wie sehr man die Russen liebe. Nach einschlägigen Erfahrungen in anderen europäischen Ländern, wo man im Restaurant derart misstrauisch beäugt wird, als wollte man Serviette, Besteck und Aschenbecher mitgehen lassen, sich in serbischer Liebe zu sonnen – daran muss man sich erst gewöhnen. Zunächst denkt man sehr russisch: Was wollen die von mir? Aber guck an, die wollen überhaupt nichts, sie lieben dich einfach so, viele Male am Tag und absolut selbstlos, wobei sie Dostojewski und die Rote Armee erwähnen, egal ob es gerade am Platz ist oder nicht. Sie glauben immer noch, dass wir die Befreier sind, die Retter, ungeachtet der dreckigen Vorhänge, die bis heute in den leeren Fensterhöhlen des von den Amerikanern ausgebombten Generalstabs im Wind flattern.

«Es ist gut, wenn du nicht weißt, wie der Präsident deines Landes heißt», sagt Pavic.

Sein Traum scheint in Erfüllung zu gehen. Die Serben begegnen der Realität beinahe wie die Russen mit erstaunlicher Gleichgültigkeit. Sie erzählen, wie sie während der Bombardierungen zuerst immer in die Luftschutzkeller rannten, irgendwann aber zu faul wurden und in den Betten liegen blieben und horchten, wie die Sirenen heulten. Ich versuchte immer wieder herauszukriegen, woher diese serbokroatische Grausamkeit kommt, warum während des Krieges so viele niedergemetzelt wurden. Sie begannen irgendetwas zu erklären, tauchten tief in die Geschichte ein, schweiften dann wegen irgendeinem Blödsinn vom Thema ab, und es war nicht mehr möglich, sie auf den Weg des Nachdenkens zurückzubringen. Eine meiner serbischen Übersetzerinnen, die die Russen besonders leidenschaftlich liebt und überhaupt eine durchaus erotisch eingestellte Dame ist, erzählte mir zärtlich, wie sehr die Serben die Rotarmisten geliebt hätten, doch dabei flog alles ganz schnell in einen Topf: Wie und was die Serben ihnen zu essen gegeben hätten und wie die Soldaten ihre Großmutter ausgefragt hätten, ob es Mädchen im Hause gäbe.

Die zukünftige Mutter meiner Übersetzerin hatte sich vor den Befreiern im Keller versteckt, die Soldaten fanden sie nicht und suchten auch nicht lange nach ihr, stattdessen schenkten sie der Großmutter einfach so, aus slawischer Großzügigkeit, das Messgewand eines orthodoxen Priesters mitsamt den daran klebenden Haaren des Popen.

«Dann haben sie Ihre Mutter nicht vergewaltigt», freute ich mich.

Sie wurde nachdenklich.

«Nein. Dafür haben sie Papa vergewaltigt.»

«Wie, Papa?»

«Hm.»

«Wie, vergewaltigt?», fragte ich ungläubig, da ich nicht recht an unorthodoxes Geschlechtsverhalten der Roten Armee glauben konnte.

«In den Hintern. Papa war achtzehn.»

Nein, das alles tat der Liebe zu den Russen keinen Abbruch, das tut es bis heute nicht und wird es auch in Zukunft nicht tun. Dafür haben die Serben zu den Amerikanern, die mit ihnen ein Spiel mit dem Namen *SMART WAR* angezettelt haben, ein reserviertes Verhältnis: eine fremde Kultur.

«Wir sind die letzten Marxisten auf der Welt», sagte die Übersetzerin. «Und dafür müssen wir bezahlen.»

Jetzt dürfen sie, die Marxisten, ohne Visum nur noch nach Ungarn reisen, sogar für Zagreb muss man fünfzehn Tage auf ein Visum warten. In Belgrad regnete es. Lange Schlangen standen vor den Botschaften.

Pavic und ich verabschiedeten uns sehr freundschaftlich. Ungeachtet seiner gesunden Gesichtsfarbe hatte er sich mehrmals einsichtig als alten Mann bezeichnet.

«Das sollten Sie nicht tun», sagte ich.

Er war auf der Hut, genauer gesagt, er horchte auf. Alle Schriftsteller leiden unter Verfolgungswahn – das ist eine Berufskrankheit.

«Warum nicht?»

«Definitionen töten», sagte ich einen eher französischen als slawischen Satz.

Er nickte verstehend. Je länger ich ihn ansah, desto besser begriff ich, dass Serbien zu Europa gehört, aber kaum wandte ich mich von Pavic ab, verwandelte sich alles, und vor meinen Augen hüpften plötzlich die Balkan-Gespenster von Kusturica herum. Ich gehe sogar noch weiter: Hier kam selbst Kusturica nicht mit.

Belgrad ist schäbig. Es ist an allen denkbaren und undenkbaren Stellen schäbig. An die schäbigen Zäune sind Schimpfwörter gekritzelt, die jeder Russe versteht, selbst wenn er keine Ahnung von der Existenz der serbischen Sprache hat. Schäbig sind die Taxis, deren Türen absolut russisch aufgerissen und zugeknallt werden. Schäbig sind die Jacken und Schirme.

«Wo hast du die karierte Hose gekauft?», fragte mein Begleiter lebhaft interessiert meine andere Übersetzerin.

«Die hat mir eine Bekannte aus Deutschland geschickt.»

Wie vertraut das ist. Bei uns war das gestern so, vielleicht wird es morgen wieder so sein. Bei ihnen ist es heute so.

In den Hotels, Ruinen der sozialistischen «fröhlichen» Architektur, sind die Betten schäbig, die Matratzen, die Lampen, die Korridore, das Frühstück, die Fußböden und die ununterbrochen stinkende Zigaretten qualmenden Angestellten. Jenes Belgrad, das sich in der Vorstellung der sowjetischen liberalen Intelligenzia als freie Stadt erhoben hatte, ähnelt nun einer Puppe mit abgerissenem Kopf. Alles begann schon am Moskauer Flughafen Scheremetjewo, als ich die Schlange für das jugoslawische Flugzeug sah.

Lauter Schieber wie bei Isaak Babel, die auf ihren Paketen saßen, die Knie unterm Kinn. Kaum war das Flugzeug gelandet, sprangen alle auf und fingen an, mit Kordeln verschnürte Pakete und Taschen aus den Gepäckfächern zu zerren. Es gibt nur zwei Länder in der Welt, in denen es den Stewardessen nicht gelingt, diesen Aufstand der Passagiere bei der Landung zu verhindern – wir und sie, wir sind verwandte Seelen. Wenn Tschetschenien uns verlässt, macht nichts, wir nehmen Serbien bei uns auf. Die lieben uns wenigstens.

«Ich weiß nicht, ob der Direktor unseres Verlags Sie empfangen kann», sagte die Übersetzerin (die in der karierten Hose) schon auf dem Flughafen zu mir. «Er ist sehr beschäftigt. Aber er hat versprochen, Sie für eine halbe Stunde zu empfangen. Er ist Präsident des serbischen Verlegerverbands. Und Sie verstehen sicher – wir haben Buchmesse.»

«Verstehen Sie?» Ich spürte wieder etwas Verwandtes: du verstehst – du verstehst.

Am Abend stellte sich heraus, dass mein Buch, der Hauptgrund meiner Reise, noch in der Druckerei war und keiner wusste, wann es fertig sein würde. Ich hätte gleich nach Moskau zurückfliegen können, aber statt einen Skandal vom Zaun zu brechen, beschloss ich, lieber zu Abend zu essen. Das tat ich, unter anderem in Gesellschaft von Miki, eben jenes Lektors, der mein Buch immer noch nicht fertig hatte. Er war von Anfang an betrunken, wurde während des Essens wieder nüchtern, wonach er sich aber schnell erneut betrank und irgendwelche serbischen

Lieder sang, wobei er den Kopf auf dem Tisch ablegte. Die anderen Verlagsmitarbeiter beachteten ihn nicht. Sie tranken selbst nicht zu knapp, und je mehr sie tranken, desto stärker interessierten sie sich für unsere Kellnerin, die sie zärtlich «Herzchen» nannten und die sie um die Taille fassten wie russische Dienstreisende. Auf dem Höhepunkt des Anfassens der Kellnerinnentaille erschien der Direktor. Er hatte einen in der Krone, wir umarmten uns wie alte Freunde, und bereits nach fünf Minuten sprachen wir über das Ewige. Wir sprachen darüber, was besser sei, Wodka oder Sliwowitz. Dann drehte sich unser Gespräch um Karamasowsche Fragen. Der Direktor, der Wein, Bier und Sliwowitz in zunehmendem Maß durcheinander getrunken hatte, sagte zu mir, dass Gott jedem Menschen auf der Welt seinen Platz zugewiesen habe. Ein Bandit sei im Auftrag Gottes ein Bandit. Das sei seine Bestimmung. Hier sei er, der Direktor, zudem ein gut aussehender Mann. Nicht wahr? Und er strich sich über die zerzausten Haare. Mh, ja-ja, stimmte ich zu. Und die Bestimmung der Kartoffel ist es, Kartoffel zu sein. Miki sang serbische Lieder. Ich sagte:

«Und was ist mit dem freien Willen?»

«Was für einen freien Willen soll eine Kartoffel haben?», machte der Direktor sich über mich lustig.

«Na ja, vielleicht gibt es ja doch einen Unterschied zwischen einer Kartoffel und einem Menschen?», bemerkte ich tiefsinnig.

Der Direktor setzte an zu widersprechen. Er sah keinen Unterschied zwischen einem Menschen und einer Kartoffel, und während ich den Präsidenten des serbischen Verlegerverbands ansah, fiel es mir schwer, mit ihm darüber zu streiten. Nichtsdestoweniger diskutierten wir drei Stunden, und drei Stunden lang pfefferte «Herzchen» Flaschen und Essen auf den Tisch, wofür sie leichte Klapse auf den Hintern kassierte. Ihr war es angenehm: Der Direktor höchstpersönlich berührte ihren Hintern. Sie war schön. Alle amüsierten sich. Miki hörte plötzlich auf, Lieder zu singen und wurde verdächtig stumm. Der Direktor schleifte ihn aufs Klo, und was sie da eine Stunde lang trieben, weiß ich nicht. Als sie zurückkamen, sagte der Direktor, ich könne so viel trinken, wie in mich rein gehe. Ich verabschiedete mich. Wir traten auf die Straße hinaus. Zu meiner Überraschung setzte sich der Direktor ans Steuer. Er war dermaßen knülle, dass er lange das Lenkrad anstierte, um dessen Bedeutung zu begreifen. Ich kenne nicht wenige Verleger, aber kein einziger hat mich je in so einem Zustand gefahren. Miki stimmte ein Lied an, und wir fuhren los, durchs nächtliche Belgrad. Ich fragte für alle Fälle, was denn sei, wenn uns ein Polizist anhalten würde.

«Der erschießt mich», sagte der Direktor überzeugt.

In Belgrad sind die Straßen nicht so breit wie in Moskau. Wir fuhren mal auf der rechten, mal auf der linken Seite wie mit einem Autoscooter auf dem Rummelplatz, mit denen man so lustig zusammenstoßen, darüber lachen und weiterfahren kann. Schließlich kamen wir zu dem Kreisverkehr bei meinem Hotel, und der Direktor verkündete, er wolle mich, Miki und noch einen Typen zu sich und seiner Frau einladen. Kurzum, wir sollten zu ihm nach Hause fahren und über Kartoffeln diskutieren. Ich dachte über das Angebot nach, während das Auto, ohne anzuhalten, mit zunehmendem Tempo um den Platz kreiste. Schließlich landeten wir in einem Gladiolenbeet, mähten einige der roten Blumen nieder und kamen zum Stehen, wobei wir leicht mit den Köpfen an die Windschutzscheibe stießen. Ich ging ins Hotel schlafen.

Am nächsten Tag stellte sich mir der Direktor des Verlags am Messestand vor. Er war erfreut, dass ich aus Moskau angereist war und erkundigte sich herzlich, wie ich den gestrigen Abend verbracht hätte. Zu meiner Freude schleppte Miki mit Augen, rot wie Gladiolen, ein Paket mit frisch gedruckten Büchern an. Mein Begleiter Zoran, der sich als Abstinenzler ausgab, versprach mir, die Situation unter Kontrolle zu halten. Nachdem ich allen interessierten Journalisten ein Interview gegeben hatte, wurde ich vom Verlag in ein schwimmendes Restaurant zum Abendessen eingeladen. Anwesend waren: Miki mit Frau, der Abstinenzler Zoran, zwei Franzosen aus der Lyoner Literaturszene (in so strengen Anzügen, wie sie nur Buchstabenfetischisten tragen können), der norwegische Sponsor der Messe und ich. Das Restaurant war teuer, das Essen gut. Ich befürchtete schon, mit den Franzosen Gespräche über literarische Themen führen zu müssen, aber der Kelch ging an mir vorüber: Auf dem Restaurantschiff tauchte ein Folklore-Ensemble auf. Da wir die einzigen Gäste waren, sangen sie nur für uns. Zuerst drangen die Klänge irgendwoher aus einer Ecke zu uns, dann kamen sie immer näher, Akkordeon, Geige, Kontrabass und Gitarre: Es waren ältere Musiker, die so spielten und sangen, als hätte man es ihnen die letzten zehn Jahre verboten. Sie schmetterten bemerkenswerte serbische Volkslieder, und alle Serben am Tisch stimmten mit ein, der norwegische Sponsor sang mit, und sogar die Franzosen schlugen den Takt an ihren Tellern und wiegten zum Zeichen des Wohlgefallens die Köpfe. Die Kellner sangen ebenfalls. Alle sangen und tranken alles Mögliche durcheinander. Die Party erfasste den ganzen Fluss, und der Klang der Musik war so mitreißend, dass es mir irgendwie so schien, als hätten wir schon lange abgelegt und führen die Donau hinunter, um am nächsten Morgen im Schwarzen Meer zu landen. Vielleicht war es ja so. Auf dem Höhepunkt der Party tauchte von irgendwoher der Direktor auf, bereits sternhagelvoll, und begann auch zu singen. In den Liedern ging es um Seele und Herz und mir kam es so vor, als würde ich alles verstehen, und ich hatte plötzlich große Lust, in irgendein serbisches Dorf zu fahren. Der Abstinenzler Zoran dirigierte, wobei er die alten Musiker animierte, mal beinahe flüsternd zu singen, mal aus voller Kehle zu schmettern. Plötzlich stimmten sie ein Lied auf Russisch an, mir in die Augen schauend. Na ja, ich sang auch ein wenig, überzeugt, dass man mich in diesem slawischen Heidenlärm nicht hören würde. Wir tranken, verbrüderten uns, lachten und tranken. Der Direktor bot mir an, mit ihm aus einem Glas Bruderschaft zu trinken. Ich trank. Zoran, total besoffen, versprach, mit mir am nächsten Morgen aufs Dorf zu fahren, um dort Ziegenmilch zu trinken.

Am Morgen stellte sich mir der Direktor in dunkler Brille erneut offiziell vor und brachte sein Bedauern zum Ausdruck, dass er mich auf Grund unaufschiebbarer Angelegenheiten, die zu regeln gewesen seien, nicht schon früher habe kennen lernen können. Zoran kam und sagte, meinem Blick ausweichend, er sei am Morgen im Hotel gewesen, um mit mir Ziegenmilch trinken zu fahren und mir ein serbisches Dorf zu zeigen, aber er habe mich nicht angetroffen. Ich wusste, dass er log – eine slawische Tugend – und dass ich flüchten musste.

Ich flüchtete zu einem anderen Verlag, der mich ebenfalls druckte. Er galt als Eliteverlag. Und hier begegnete ich meiner älteren Übersetzerin wieder, deren Vater seinerzeit die Probleme mit der Roten Armee gehabt hatte. Sie erzählte mir lang und breit davon, wie ein Schriftsteller aus Russland, den sie ebenfalls übersetzt hatte, nicht verstehen konnte, was genau sie von ihm wollte.

«Aber Sie liebe ich mehr als ihn», sagte sie vollkommen aufrichtig. «Er ist nur zur Hälfte russisch, und Sie sind echter Russe. Oder täusche ich mich?»

Ich gestand aufrichtig, ein hundertprozentiger Russe zu sein. In ihren Augen begann irgendetwas so stark zu funkeln, dass ich dachte: Du hättest besser vorgegeben, Jude oder Amerikaner zu sein. Doch da tauchte im rechten Moment der Direktor auf, nein, nicht der, sondern der neue, der selbst Schriftsteller war. Da ich Sehnsucht nach der Intelligenzia verspürte, ging ich gern mit ihm essen, um endlich zu verstehen, wie sich in Jugoslawien die Demokratie entwickelte und was man über Grausamkeit,

Milošević und den amerikanischen *SMART WAR* dachte. Um meinen intellektuellen Appetit zu stillen, waren würdige Leute zum Abendessen geladen: Ein Historiker und ein Philosoph sowie die aktive Liebhaberin hundertprozentig russischer Schriftsteller. Anstelle des wahnsinnigen Restaurantschiffs wählte man einen Superkellerklub, wo sich ausschließlich schlaue Leute entspannten. Der Klub erwies sich als selten unschäbig. Die Tische waren überhaupt nicht schäbig, und die Wände, an die verschiedene Bilder mit Stadtmotiven gemalt waren, wirkten ebenfalls wie neu. Wir setzten uns und bestellten serbische Vorspeisen. Nichts kündete von einem herannahenden Unglück. Ein bescheidenes Orchester trat auf, das leisen Zeitvertreib versprach. Ich hatte bereits meine erste Frage zur Grausamkeit gestellt.

«Sie reden von Grausamkeit, Sie, der Sie die menschliche Natur in und auswendig kennen, Sie, der Sie die Erzählung ‹Der kleine Papagei› geschrieben haben!», rief die Übersetzerin aus.

Na endlich, jetzt reden wir mal richtig zur Sache, dachte ich.

Doch da geschah Unvorhergesehenes. Der vollkommen nüchterne Philosoph an unserem Tisch begann auf einmal zu singen. Das heißt, er sang so laut und schön zur Musik des Orchesters, dass sofort klar war: ein Profi. Er sang eine Stadt-Romanze und gleich danach die nächste. An den Nebentischen wurde es lebhafter, irgendwer stimmte mit ein, jemand klatschte dem Philosophen Beifall. In den Stadt-Romanzen, die der Philosoph sang, war weniger von Seele und Herz die Rede als in den Zigeunerliedern vom Abend zuvor, dennoch drehte sich alles um die Liebe.

«Er hat eine richtige Popenstimme, finden Sie nicht auch?», schrie mir die Übersetzerin ins Ohr, wobei sie mir mit ihrem ganzen Körper auf die Pelle rückte.

Ich begriff nicht, wie sie jetzt darauf kam, aber ich antwortete, das fände ich nicht.

«Stimmt es, dass in der russischen Literatur jetzt das Sperma in Strömen fließt?», schrie die Übersetzerin wieder.

«Mh, das ist wohl eher wieder versiegt», log ich nicht.

Sie wollte noch etwas fragen, aber ich sagte, man müsse dem Gesang des Philosophen lauschen. Der Philosoph sang eine halbe Stunde, eine Stunde, anderthalb Stunden. Die Zeit verging, und er sang und sang.

«Die Serben kennen kein Maß», sagte drei Stunden später meine Übersetzerin.

«Stört die Worte nicht», zitierte ich Pavic.

Wir gingen bei Sonnenaufgang auseinander, nur der Philosoph war geblieben, um noch ein wenig zu singen. Als ich an jenem Morgen unausgeschlafen im Flugzeug nach Moskau saß, sang er zweifellos noch immer.

Er singt wohl auch jetzt noch.

Unschuldiges Licht

Krim

Es ist schön, an einem öden, regnerischen Herbsttag über die Krim zu schreiben, während langsam der Gedanke in mir reift, nächsten Sommer unbedingt dorthin zurückzukehren, um erneut zu verstehen, in welche Elementarteilchen die Begriffe Erholung und Schönheit zerfallen. Wenn Sie schon überall gewesen sind und all die weltberühmten Ferienorte von Italien bis Mexiko über haben, dann sollten Sie auf die Krim fahren. Wenn Sie noch nirgendwo waren, sollten Sie ebenfalls auf die Krim reisen. Die Krim versöhnt Übersättigung und Unberührtheit. Grundlage der Erholung ist das Herausfallen aus der Realität der Stereotypen. Erholung besteht nicht darin zu überprüfen, inwieweit die Beschreibungen im Reiseführer Ihren Erwartungen vom jeweiligen Ort entsprechen, ob es sich nun um Tahiti oder Tibet handelt. Erholung ist die Wiederherstellung der Unschuld.

Die Krim ist unschuldig. Darin besteht ihr unvergleichlicher Zauber. Die Krim versteht es nicht, sich zu verkaufen, sich anzupreisen, von sich selbst entzückt zu sein. Ihr scheint es bis heute, dass ihre trockene, nach Gräsern und Blumen riechende Steppenluft, ihre sanften küstennahen Berge, die den Zickzackstreifen endloser Strände und Buchten schützen, ihre ruhige sommerliche Hitze im Vergleich zu irgendwelchen kostspieligen Lebensfreuden zweitrangig sind. Etwa so wie sich eine frisch gebackene Abiturientin nach dem wahren Leben sehnt, wenn sie in einem Modejournal Fotos von Filmstars betrachtet, ohne zu ahnen, dass ihre eigene Schönheit schlicht, ungeschminkt und ursprünglich ist. In ihrer Unschuld besitzt die Krim zum Glück noch keine Infrastruktur für banale Freizeitbeschäftigungen, das übliche Tourismusfließband wurde noch nicht in Gang gesetzt. Auf der Krim müssen Sie die gewünschte Erholungsart nach eigenem Geschmack selbst modellieren.

Erwarten Sie keine erstklassigen Hotels, keine Sorge – die gibt es dort nicht. Ferien auf der Krim, das heißt Herumstromern in den Bergen, Schaschlik, honigfarbene Sonnenbräune, Wein, tatarische Stehkneipen, Melonen, Kakteen, Begegnungen mit Menschen. Am besten, man fährt gar nicht erst in das lärmende Jalta, in den emanzipierteren Südzipfel der Krim, sondern begibt sich in den steppenartigen Ostteil, lässt seine Sachen in einem bescheidenen Hotel in Feodossija, einst eine Kolonie der alten Griechen, nimmt einen Schlafsack und etwas Geld mit und zieht auf der Suche nach unberührten Stränden Richtung Koktebel. Koktebel ist ein Kultort der russischen Kultur, von Dichtern in verschiedenen Tonarten besungen. Überhaupt ist die Krim für die russische Kultur der Inbegriff von Freiheit der Gefühle und Wünsche.

Genau dieses Lebensgefühl werden Sie im Nudistenparadies bei Koktebel entdecken, in der Fuchsbucht, wo nachts die unterschiedlichsten exzentrischen Typen fröhlich Lagerfeuer entzünden, Trommeln schlagen und zur Gitarre singen. Die Erotik der Krim besteht nicht darin, dass alles erlaubt ist, sondern in einer im heutigen Europa unerlaubten Offenheit der Kommunikation, in einer menschlichen Nähe von Seelen und Körpern. All das verheißt eigentlich Liebe oder zumindest eine Geneigtheit zum Briefwechsel. Und Sudak? Das ist ein Städtchen mit Genueser Festung, die aussieht wie eine nicht zu Ende gespielte Schachpartie. Seit der Zeit der alten Griechen und Genueser Kaufleute über die tatarischen Ureinwohner mit ihren scharf-süßen Gesichtern bis hin zum letzten russischen Imperator gründete der stille Ruhm der Krim auf einer besonderen Skala des Lichts. So heißt auch ein Städtchen: Nowyj Swjet – Neues Licht. Dort findet man in hohen Grotten eine neue Welt des Lichts, eine Mischung aus dem Hellgrau der Normandie und den violetten Halluzinationen des Mittelmeerraums; dort sagte Fürst Golizyn den Franzosen den Kampf an und kreierte eine einheimische Variante des Champagners, und vielleicht erinnerte sich Nikolai II. vor seiner Erschießung durch die Bolschewiki in Sibirien daran, wie er auf seiner Yacht hierher kam, Champagner trank und auf dem Weg spazieren ging, der ihm zu Ehren, selbst unter Stalin, noch immer Zarenweg hieß.

Die tatarische, russische, ukrainische Krim. Die Unschuld der Krim hat für alle gereicht. Für Sie und mich wird sie auch noch reichen.

Wo Europa anfängt
Moskau – Warschau

Wenn man den dringenden Wunsch verspürt, kann man es mit dem Fuß auf dem Gaspedal in einem Tag von Moskau nach Warschau schaffen. Das war eigentlich auch der unerfüllte Traum unseres jungen Fahrers Maxim. Hätten wir ihm freie Hand gelassen, wäre er eher geflogen als gefahren, bei dröhnender Popmusik, in der Vorfreude auf Abendessen und Nachtlager. Doch der Zweck dieser Reise war nicht Warschau, sondern die Reise selbst, die sich mit quälender Langsamkeit über zweieinhalb Wochen hinzog. Maxim reagierte auf unsere Anweisung, sich zu bremsen, mit einem leicht verächtlichen Lächeln, denn er hielt seine beiden Fahrgäste für Hasenfüße, was schnelles Autofahren betrifft. Vielleicht hatte er in gewisser Weise Recht. Die Straßen waren zwar erträglich, aber durchgehend suspekt, mal ohne jede Fahrbahnmarkierung, mal viel zu schmal, dann wieder voller aggressiver Schlaglöcher, und seinen Fahrgästen mangelte es an Leichtsinn. Sie zogen es vor, sich auf Englisch zu unterhalten oder sich durch rätselhafte Ausrufe zu verständigen statt Popmusik zu hören, außerdem zeigten sie eine seltsame Abneigung gegen mittägliche Picknicks.

Die Russen haben im Grunde ihrer Seele Russland niemals als Teil von Europa gesehen. Europa ist irgendwo dort, weit weg, nach Europa muss man lange fahren. Wenn man von der Offensichtlichkeit der Landkarte abstrahiert, ist das spekulative Russland ein besonderer Ort, ohne geographische Zugehörigkeit, ganz für sich und in beinahe gleicher Entfernung von Asien und Europa gelegen.

Das Eine wie das Andere ist «nicht das Unsere», etwas «Jenseitiges»; doch während «Asien» ein beängstigendes Gefühl von Fremdheit hervorruft (ein Nachhall der tatarisch-monglischen Unterjochung der alten Rus), klingt «Europa» für das russische Ohr zumindest eher zweideutig. «Europa» – das ist vor allem Glanz und Eleganz. So etwas wie ein großer blank geputzter Samowar. Mit dem Unterschied, dass «Europa» im Vergleich zu einem Samowar elegant ist. Dort denken sie sich immerzu Überraschendes, immer wieder «Neues» aus, aber wird das vom moralischen Standpunkt Russlands besser als das «Alte» sein? Der berühmte Gogolsche Zweifel: Macht die Erfindung der Photographie die Menschen glücklicher?

Die Idee einer Reise entlang dieser viel befahrenen Strecke musste außer unseren Fahrer auch andere verblüffen. Wir fuhren auf der bis heute einzigen Fernverkehrsstraße (M 1 oder auch E 30), die Moskau mit dem Westen verbindet. Sie beginnt buchstäblich am Moskauer Kreml, bricht sich freie Bahn jenseits der Dörfer und Sommerhaussiedlungen vor Moskau und verliert sich in der Unendlichkeit. Eine Unendlichkeit von Birken und Fichten, angesichts derer die ins Unterbewusstsein verdrängten kindlichen

Phantasien von Waldschraten und Räubern wieder erwachen. Dann, gleichsam müde von der eigenen Schläfrigkeit, befreit sich der Raum von der waldigen Decke und entblößt sich in Form von grenzenlosen weißrussischen Feldern mit einem hübsch am nächtlichen Himmel befestigten Mond, und der Reisende darf über die Stille und die eigene Einsamkeit staunen.

Mich bewegte nicht nur die Schönheit unserer Reiseroute, sondern auch ihre große historische Dramatik. Ich wollte meinem deutschen Reisegefährten Guido mit dem silbergrauen Haar, der seinen Fotoapparat immer bereit hielt, erklären, dass wir diese Reise nicht so sehr wegen konkreter Sehenswürdigkeiten antraten, sondern uns vielmehr auf die Suche nach Europa begaben.

Ich meinte das historische Europa, das im Laufe vieler Jahrhunderte in Wellen nach Osten vordrang, mit seinen Sitten, Gebräuchen, Religionen, erfüllt von seiner eigenen Bedeutung und Gerechtigkeit, und das, als es auf eine andere Kultur stieß, irgendwo auf halbem Wege stehen blieb und aus der Puste war, ohne bis nach Moskau gelangt zu sein.

Als offensichtliche Ausscheidungen Europas bemerkte mein Reisegefährte vor allem die Spuren endloser Kriege, litauischer, polnischer, schwedischer, französischer und deutscher Invasionen, die auf dieser Straße hinterlassen worden waren. Überreste von Festungswällen, nach Bränden umfunktionierte Kirchen, Obelisken mit bronzenen Zarenadlern und abgeblätterten roten Sternen, Militärfriedhöfe, auf Sockeln ruhende T-34 Panzer, deren Geschützmündungen nach Westen gerichtet sind und zahllose Soldatenfiguren, die ihre Granaten in dieselbe Richtung schleudern (sodass man, von Westen kommend, den Eindruck hat, von Granaten begrüßt zu werden) – all das macht den östlichen Abschnitt der Europastraße 30 zu einem perfekten Requiem.

Es kam so weit, dass Guido, dessen älterer Bruder bei der SS war und vor Leningrad getötet wurde, in Chatyn bei Minsk, an der Stelle, wo die Nazis ein Dorf niedergebrannt haben und sich heute zum Andenken an alle verbrannten weißrussischen Dörfer eine Gedenkstätte befindet, als er erfuhr, dass während des Krieges jeder vierte Weißrusse umgekommen ist, ganz still wurde und sich bei mir für die Sünden seiner Landsleute entschuldigte, obwohl ich kein Weißrusse bin. Ich empfand beinahe dasselbe im Wald von Katyn bei Smolensk, als ich vor den Kreuzen stand, errichtet zum Gedenken an Tausende polnischer Offiziere, die 1940 auf Anweisung von Berija erschossen worden waren. Ein junger Pole, der hierher gekommen war und vor dem Mahnmal niederkniete, weckte in mir das ungute Gefühl, an diesem Verbrechen beteiligt zu sein.

Wir reisten auf einer der blutigsten Straßen der Welt.

Als wir Moskau verließen, fiel Schnee. Er fiel nicht nur, sondern blieb auch liegen und bedeckte das noch grüne Gras mit einer dicken Schicht. Es war der 28. September. Die Anziehungskraft Moskaus wird schnell, fast mit jedem Kilometer schwächer. Die Gegend westlich von Moskau ist ein privilegiertes Stück Erde. Wegen der Schönheit der bewaldeten Hügel wird diese Gegend entlang dem Flusslauf der Moskwa die Moskauer Schweiz genannt. Hier sind wie verrückt Villen mit Ausmaßen venezianischer Paläste errichtet worden. Alte Adelshäuser sind hier und da wie durch ein Wunder als Sanatorien erhalten geblieben. Unter den Linden der dazugehörigen großen Parks ergehen sich Bürokraten aus Regierungskreisen oder auch echte Kranke, die nur befremdet sein können angesichts dieser architektonischen «Unmäßigkeiten» in Form von Springbrunnen und koketten Gartenlauben, welche Turgenjewscher Prosa entliehen zu sein scheinen.

Die kleinen Städtchen bei Moskau (ihre Doppelgänger werden uns bis nach Brest begleiten) bestehen hauptsächlich aus «Chruschtschoby», unansehnlichen fünfstöckigen Mietshäusern der Chruschtschow-Periode, und auf den ersten Blick machen die dörflichen Bauernhäuser einen weitaus fröhlicheren Eindruck. Ich bin noch keinem Ausländer begegnet, der bei ihrem Anblick nicht gesagt hätte: «Hier würde ich gern ein Weilchen leben!» Sie sind optimistisch hellblau oder hellgrün gestrichen, ihre geschnitzten Fenster- und Türeinrahmungen zeugen anscheinend vom traditionellen Geschmack des russischen Bauern. Doch so selbstkritische Ortsnamen wie «Rasdory» (Zwietracht) und «Grjas» (Schmutz) spiegeln eher das angespannte, karge Leben auf dem Dorfe, wo man noch immer mit dem Schulterjoch zum Brunnen geht.

Am späten Abend haben wir die nähere Moskauer Umgebung hinter uns gelassen und Moschaisk erreicht. Von hier geht stündlich ein Vorortzug nach Moskau, aber diese für die weitere Umgebung Moskaus (100 Kilometer von der Hauptstadt entfernt) typische Stadt befindet sich bereits *in the middle of nowhere*. Nadeschda Michailowna, die nicht mehr junge Empfangschefin des einzigen Hotels, zeigte sich äußerst verblüfft, als wir drei Zimmer verlangten:

«Aber ich habe keine Einzelzimmer! Sie wollen doch nicht etwa jeder ein Doppelzimmer für sich?»

Solche Launen waren ihr in ihrer langjährigen Praxis noch nicht vorgekommen. Ein Doppelzimmer kostete nicht mehr als zwei Dollar pro Nacht. Das hielt sie für sinnlose Verschwendung.

Das Hotel erwies sich als eine Art Folterkammer. Bis drei Uhr nachts lärmten und sangen junge Leute, um fünf Uhr morgens begannen kleine Kinder einmütig zu plärren. Zu allem Überfluss wurde Guido, der einen Moment nicht aufgepasst hatte, als wir unsere Zimmer bezogen, auf dem Korridor das Stativ geklaut. Er war untröstlich. Nadeschda Michailowna sagte, sie habe niemanden mit dem Stativ gesehen und man würde in der Früh die Zimmer danach absuchen müssen.

Das russische Provinzrestaurant beeindruckt durch seine Großartigkeit, um nicht zu sagen Feierlichkeit des Interieurs. Es ähnelt dem Abschiedssaal eines Krematoriums. Immerhin muss ich zugeben, dass wir uns kein einziges Mal vergiftet haben, dabei hatten wir uns mit Medikamenten eingedeckt und uns bereits auf den Fall des Falles eingestellt.

Frühmorgens weckte uns die Putzfrau, die mit einem Schlüsselbund klimperte. Ohne eine Erklärung abzugeben, machte sie sich daran, ein Zimmer nach dem anderen aufzuschließen. In den Gemeinschaftszimmern schlief man allein oder zu zweit in den schmalen Betten. Der Geruch war intensiv. Bündel, Koffer, Bananen, Benzinkanister – alles mögliche, bloß kein Stativ. Bereits einigermaßen verzweifelt drangen wir in ein Zimmer ein, in dem zwei reiche Dagestaner wohnten. Das Stativ lag mitten im Zimmer auf dem Teppich. Guido stürzte sich glücklich darauf.

«Woher habt ihr diesen Apparat?», schrie die Putzfrau.

«Wissen wir nicht.» Die Dagestaner zuckten mit den Schultern, blieben auf den Betten sitzen und aßen Weintrauben.

Niemand protestierte gegen diese Invasion, niemand pochte auf die Unverletzlichkeit der Privatsphäre, alle waren überzeugt, dass die Staatsmacht, die an diesem Morgen die Person der Putzfrau verkörperte, das Recht dazu hatte.

Am 26. August 1812 fand nicht weit von Moschaisk die große Schlacht statt. An Jahrestagen werden hier militärische Spiele durchgeführt. Doch als wir das Feld besuchten, das auf immer das Geheimnis bewahren wird, wer der wirkliche Sieger gewesen ist, da war es weiß und menschenleer. Ebenso menschenleer war auch das Museum, das mich mit seinen Porträts von schönen, edlen Gesichtern russischer Offiziere und Generäle überraschte.

Jedenfalls hatte der innere Krieg, den die Bolschewiki der europäischen Kultur unter dem Motto «Friede den Hütten, Krieg den Palästen» erklärt hatten, seine Spuren in der äußeren Erscheinung von ausnahmslos allen Städten hinterlassen. Darüber dachte ich nach, als ich durch Wereja lief, das irgendwann Hauptstadt eines Fürstentums innerhalb des Moskauer Gebietes gewesen war. In der ehemaligen Kirche hatte sich ein Lebensmittelgeschäft einquartiert, vor dem sich Frauen mit mittelalterlichen Gesichtern versammelt hatten, als wären sie zu einer Massenszene für «Andrej Rubljow» herbestellt worden. In der Hauptsache waren es «Babuschki», Großmütter, die aussahen, als kämen sie alle von demselben Fließband, mit tiefen, bitteren Furchen in den ausdrucksvollen, müden Gesichtern. Ihre gemeinsamen Merkmale sind stärker als die individuellen, darum ist das Wort «Babuschka» auch unübersetzt in viele europäische Sprachen eingegangen. Etwas abseits von den Frauen bemerkte ich zwei Männer, der eine in einer Mütze mit Ohrenklappen, von denen eine in die Luft ragte, der andere in Schirmmütze; beide rauchten starke Zigaretten und diskutierten über Politik. Die örtlichen Philosophen. Nachdem sie ihr Brot gekauft hatten, gingen sie gestikulierend die krumme und schiefe, schlampig gebaute Straße hinunter, bei deren Anblick der Gleichgewichtsmechanismus jedes unvorbereiteten Menschen verrückt spielen musste, und versanken im Raum.

Der Raum – das ist es, was den Russen zu schaffen macht. Sein Überfluss. Sie haben sich daran überfressen. Sie haben ihn nicht verdauen können. Im Raum unter dem Septemberschnee stehen und liegen Traktoren und anderer landwirtschaftlicher Metallschrott herum.

Über dem ehemaligen Parteigebäude flattert die schon

stark ausgebleichte russische Trikolore. Das historische Zentrum der russischen Stadt sind die Festung (der Kreml) und der Dom, d. h. Staatsmacht und Geistlichkeit. Kein Respekt vor dem Handel. Ein zentraler Marktplatz hat von Anfang an nicht existiert. Das Buchgeschäft ist voll von Büchern mit verführerischen Schönheiten vorne drauf, die übrigens mit einer gewissen Verlegenheit beäugt werden. Dafür diskutiert man gern über den frühen Wintereinbruch, über den sich niemand wundert oder aufregt.

Der Winter ist die wichtigste russische Jahreszeit, der Sommer ist nicht ernst zu nehmen. In Europa ist der Winter ein kurzes vorübergehendes Leiden, das man in einen Schal gehüllt überstehen muss. Europa ist ganz Bejahung der Wärme, es tendiert zum Immergrünen. In Russland erschlägt der Winter jedes Streben zum Süden hin. Der Umschwung, so erstaunlich dies Zusammentreffen auch sein mag, setzt westlich von Smolensk ein, an der russisch-weißrussischen Grenze. Hinter Smolensk verfällt die Natur nach und nach in eine Art Ohnmacht, es wächst nichts mehr. Dann ist am Horizont ein dunkler Streifen Wald zu sehen. Er wächst, kommt näher. Das ist etwas Anderes. Der weißrussische trockene Fichtenwald mit seinem Unterholz aus Wacholder, verwöhnt von milden Wintern, ist schon auf Sommer eingestellt, solch einen Wald findet man in Deutschland und Nordfrankreich. Jenseits der Grenze beginnen die Kastanien in den Vorgärten, längs der Straße wachsen Lupinen. Statt halb vertrockneter Geranien auf staubigen Fensterbrettern erscheint nach der Grenze das ärmliche Gespenst der Gemütlichkeit. In den Städten im

Westen Weißrusslands wachsen rosa blühende Sträucher und Buchsbaum. Und in der polnischen Stadt Białystok sah ich, wie kleine, saure Weintrauben aus eigenem Anbau verkauft wurden. Für die Russen ist das schon der Süden.

Im Gebiet Smolensk wird die Straße schlechter, ist aber immer noch erträglich. In Kolonnen, drei bis vier Autos hintereinander mit aufgeblendeten Scheinwerfern, kommen uns gebrauchte Westautos entgegengerast, vorwiegend aus Deutschland und Holland.

Die Stadt Gagarin. Statt Kosmonautenlächeln Kilometer 101. Über den Marktplatz spaziert ein Riesenkerl mit Goldzähnen und einem an die Brust gehefteten Zettel: «Kaufe Gold und Dollars». Guido möchte ihn fotografieren, und wir werden augenblicklich von suspekten Typen umringt, deren Stimmung jede Sekunde umschlagen kann.

«Gehen wir auf einen Sprung in die Bude rüber?»

In der Verkaufsbude Melonen und ein Mädchen mit leicht lädiertem Gesicht. Wir bekommen jeder ein Stück Melone abgeschnitten. Es tropft vom Messer. Wir essen höflich. Ein junger Kaukasier namens Salim zieht eine Pistole hervor. Wir hören auf zu essen. Schweigen.

«Hör mal», sagt Salim, «fotografier mich mit der Knarre, ja?»

Guido nimmt ohne besonderen Enthusiasmus den Fotoapparat zur Hand. Salim zielt auf das Objektiv. Guido fotografiert. Er schiebt die Goldrandbrille in die Stirn. Salim wirft die Pistole in die andere Hand. Guido fotografiert. Salim lacht zufrieden.

«Hör mal», sagt Salim, «verkauft mir euren Ford.»

Ich schaue auf die Uhr.

«Wir müssen ins Bürgermeisteramt. Zum Vorsitzenden. Er wartet», lüge ich.

«Es hindert euch niemand», sagt Salim. «Habt ihr keine harte Währung zu verkaufen?»

Wir schütteln den Kopf.

«Haltet nachts nirgendwo an», sagt Salim zum Schluss. «Auf der Straße passiert alles Mögliche. Die ziehen euch aus bis aufs Hemd. Ihr könnt froh sein, wenn sie euch nicht umbringen.»

In seinen Augen ist Hysterie. Ich glaube, er weiß, wovon er spricht.

Auf der Strecke Posten. Milizionäre mit Maschinenpistolen. Es gibt sogar Barrieren mit horizontalen Schlitzen für etwaige Schusswechsel.

Abzweigung nach Wjasma. Wir biegen ab. Das Hotel. Wir kommen in die Hotelhalle, da sitzen gleich wieder sechs Typen, die allesamt aussehen wie unser Salim, und starren uns an. Guido gehen die Nerven durch.

«Fahren wir weiter, nach Smolensk!»

Mit Ach und Krach überrede ich ihn zu bleiben.

Wjasma ist berühmt für seine Kirchen mit ihren goldenen Kuppeln, für seine Honiglebkuchen und zahllosen Schlachten. Um uns besser zurechtzufinden, begaben wir uns am Vormittag ins Heimatkundemuseum. Die Direktorin mit einem schlichten sowjetischen Gesicht schenkte uns zur Begrüßung nicht mehr ganz frische Anstecknadeln zum 750-jährigen Bestehen ihrer Stadt. Auf einem

Hügel. Der rothaarige Vater Daniil kletterte mit uns auf den Glockenturm, damit Guido die Stadt fotografieren konnte, aber der fotografierte letzten Endes gar nichts (es schneite, und der Schnee verklebte das Objektiv) und war verstimmt.

In Smolensk war noch goldener Herbst. Wir begegneten einem sowjetischen Charakter. Der ist nämlich noch nicht ausgestorben. Konstantin Fjodorowitsch Nikolajew, unser Smolensker Führer (der seine Kindheit im Krieg erlebt hatte), kannte sich ausgezeichnet in der Geschichte aus, nur eines konnte er nicht zugeben: Katyn. Er fuhr bereitwillig mit uns in den Wald bei Katyn, wo es nach Pilzen roch, wollte uns aber die ganze Zeit weismachen, die polnischen Kriegsgefangenen seien nicht von NKWDlern, sondern von Deutschen ermordet worden. Seine Argumente trug er so außerordentlich wortgewandt vor, dass er Maxim auf seine Seite ziehen konnte, der im übrigen noch nie von Katyn gehört hatte.

«Wenn man will, kann man jedes Dokument fälschen», versuchte er mich zu überzeugen.

In Smolensk Schnurrbärte, wohin das Auge blickte. Schnurrbärte sind ein Zeichen für Selbstwertgefühl. In Russland gibt es im allgemeinen wenig schnurrbärtige Männer, aber hier sind fast alle schnurrbärtig – die Alten und die Jungen und sogar die Milizionäre. Polnisch schnurrbärtig. Weißrussland ist auch schnurrbärtig. Bis nach Smolensk ist der Schnurrbart gekommen. Weiter nach Osten ist er vorgedrungen, aber dann wurde er abrasiert. Hier ist er geblieben. Die Polen haben sich erst 1654 von hier zurückgezogen; sie regierten anderthalb Jahrhunderte und hinterließen eine Spur in Form von Schnurrbärten. Aber nicht nur das. Die Begegnung von Ost und West schlägt sich nieder im Smolensker Barock. An der Mariä-Himmelfahrt-Kathedrale sind die Spuren unmittelbaren westlichen Einflusses zu besichtigen; an den Figurendarstellungen und vor allem an der Kanzel, die für die russische Kirche überhaupt untypisch ist.

Smolensk feierte an diesem Abend den «Tag des Lehrers». Im Restaurant tanzten hübsche Lehrerinnen fröhlich zu Orchestermusik. Die Haut ihrer blassen Gesichter war ungepflegt und vernachlässigt. Am Fenster saß ein Trupp von Männern. Plötzlich, wenn auch nicht sehr schnell, kamen ein paar junge Typen in Trainingsanzügen und mit modischem Haarschnitt herein und fingen an, die anderen tierisch zu verprügeln. Geschirr flog von den Tischen. Das Ganze einige Meter von uns entfernt. Niemand rief die Miliz. Die jungen Typen zogen sich militärisch geordnet aus dem Etablissement zurück. Die Geprügelten schleppten einen bewusstlosen Kumpel an Armen und Beinen zur Tür.

«Was ist passiert?», fragte ich die dicke, gutmütige Serviererin.

«Die Jungs machen Lockerungsübungen», sagte sie mit sanfter Stimme.

«Mehr als einen Kanister Benzin darf man nach Weißrussland nicht einführen.»

An der Grenze arbeitete in der Dunkelheit der Zoll.

Eine Art Amateurzöllner. Irgendwelche Zivilisten ohne Uniformen.

«Aber bei Ihnen gibt es doch keins!»

«Darum dürfen Sie auch keins einführen.»

Aber dann winkten sie ab und ließen uns rein mit unseren drei Kanistern. Hinter Smolensk verließen wir die Hauptstraße und fuhren nach Witebsk. Vollmond. Dunkelblauer Himmel. Smaragdgrünes Gras auf einem großen Feld.

Im Witebsker Hotel wurden wir freudig begrüßt. Genauer gesagt, nicht wir, sondern unsere Rubel. Am Vormittag besuchten wir das kürzlich eröffnete Chagall-Kunstzentrum. Kein einziges Bild. Wie uns Ljubow Nikolajewna, die Direktorin des Zentrums, erklärte, hat man in Weißrussland keine Spuren von Chagalls Kunst mehr entdecken können. Dafür ist das einstöckige Haus, in dem Chagall seine Kindheit verbrachte, erhalten geblieben. In der einen Wohnung lebt eine jüdische Familie, in der anderen dampft es wie in der Banja; die Heizungsrohre sind geplatzt, aber niemand ruft den Klempner, denn die Bewohner sind ausgezogen.

Weißrussland ist ein Land mit umherirrender Identität. Es muss sich noch selbst finden. Aber wie? Es ist in zwei Teile gespalten. Der östliche Teil strebt nach Russland. Wir spazieren durch das kleine Städtchen Tolotschino. Zwei Kirchen fast direkt gegenüber: die orthodoxe und die katholische, die in Weißrussland eher nach der Nationalität, also «russisch» und «polnisch» unterschieden werden.

Ein sprachloses Land. Weißrussland kam 1796 zu Russland und war, was die Sprache betrifft, bald völlig russifiziert; nur auf dem Dorf hat sich Weißrussisch als Alltags- und Umgangssprache erhalten. In diesem traditionellen Bauernland gab es weder eine Aristokratie, noch eine ausgebildete Intelligenzia, doch eine Stärke hatte es immer schon vorzuweisen – die Landwirtschaft. Sobald man die russisch-weißrussische Grenze überschreitet, beleben sich die Felder. Die Leute schaffen. Kohl in den Gemüsegärten. Große Kohlköpfe. Vor den Häusern Blumen. Michail ist Russe, lebt aber schon sein ganzes Leben in Weißrussland, stolz zeigt er uns seinen Gemüsegarten, er hat Kühe, Schweine und Hühner. Auf meine Frage, wo besser gewirtschaftet werde, in Russland oder in Weißrussland, winkt er bloß ab. Ljubow Nikolajewna in Witebsk hatte auch gesagt, dass die Weißrussen finden, die Russen seien faul und arbeiteten schlecht. Mit einem Wort, «Moskali», der Spitzname für Russen. Die außereuropäische Nullvariante, was das Verhältnis zur Arbeit betrifft. Arbeite in Weißrussland, und du wirst Kohl und Kürbis ernten. Du wirst nicht umkommen. Arm, aber mit Würde leben. Die Bauern laden uns zu sich nach Hause ein, bieten uns Milch an, irgendeiner von ihren entfernten Verwandten ist irgendwann nach Amerika ausgewandert (der russische Bauer emigriert per definitionem nicht), sie zeigen uns Fotos, unterhalten sich ohne Schnickschnack mit uns, sie machen kein Theater, treiben das Gespräch nicht bis zu abstrusen, beinahe immer aggressiv paradoxen Situationen, wie die Russen es gern tun, sie sind schlicht bis zur Dummheit, aber keine Trottel, und sie pflücken einem Äpfel für unterwegs.

Spätabends gehe ich aufs Postamt von Tolotschino, um zu Hause anzurufen. Ich sitze eine Stunde herum, bis ich aufgerufen werde. Zwei Frauen neben mir warten ebenfalls auf ein Gespräch. Sie kommen aus der Gegend bei Gomel, die durch die Katastrophe von Tschernobyl verseucht wurde.

«Wie wir da gelebt haben? So halt. Man hat uns gesagt, wir sollen nichts essen, aber wie stellen die sich das vor?»

Eine jüngere Frau gesellt sich unserer Unterhaltung hinzu.

«In dem Jahr ist alles riesig groß gewesen. Die Kürbisse konnte ich gar nicht hochheben! Mein Mann musste mir helfen. Und erst die Kartoffeln … drei Kartoffeln, und der Eimer war voll.»

«Und was haben Sie damit gemacht?»

«Gegessen, was denn sonst? Hätten wir sie wegwerfen sollen?»

Die Straße geht in eine Autobahn über. Bald sind wir in Minsk. Im Reiseführer über Minsk wird der Einfluss des Golfstroms betont. Die Nähe der Ostsee. Meine Minsker Bekannte Nelli. Ich sehe Kummer in ihrem nicht mehr jungen, aber noch schönen Gesicht. Sie hat beim örtlichen Verband der Filmschaffenden gearbeitet, sie wurde «abgewickelt». Sie klagt: «Kultur braucht hier keiner.» Sie ist unzufrieden über den Bruch mit Russland. «Es kommen keine Bücher mehr. Auch keine Zeitschriften. Nicht einmal Postkarten kommen an.»

Das riesige Minsk ist langweilig, grau. Es schwimmt in sowjetischer Grobschlächtigkeit. Eine scheußliche Mundart. Alle haben einen Gesichtsausdruck, als ob sie gerade gegen einen Laternenpfahl gelaufen wären. Anziehend wirken nur einige vor nicht allzu langer Zeit restaurierte Straßen in der Altstadt; die sich aneinander schmiegenden zweistöckigen Häuschen mit freundlichem gelben Anstrich erinnern von ihrer Architektur her weniger an vorrevolutionäre russische Bauweise, als an mitteleuropäische Krähwinkel. In den Geschäften werden irgendwelche zufällig dorthin geratene Sachen verkauft. Ein Durcheinander. Wenn man Ljubow Nikolajewna glauben will, haben Witebsk fast alle Juden verlassen. In Minsk sind auch viele «in Kofferstimmung». Die zufällige Olga, die sehr viel Ähnlichkeit mit Marilyn Monroe hat und die Guido auf einer Straße in Minsk begeistert fotografiert, träumt davon, «wegzufahren, egal wohin, Hauptsache weg».

Die Katholiken knien einfach auf dem schmutzigen Trottoir. Eine Aufschrift in Weißrussisch lautet: «Gebt uns die Kirche zurück». An einem Fenster noch das Vogelemblem des Sportvereins «Sturmvogel».

An der Tür zum Intourist-Hotel steht bewaffnete Miliz. Die Prostituierten spazieren ungehindert durch die Etagen. Sich mit ihnen einzulassen, ist nicht ungefährlich. Alex (ich lerne ihn beim Frühstück kennen) stammt aus Minsk, ging nach New York und arbeitete dort als Fahrer eines amerikanischen Straßenkreuzers. Er kam nach Minsk zurück, um hier ein eigenes Geschäft aufzumachen. Er hatte Glück: Zwei junge Mädchen, die er in einer Bar kennen gelernt hatte, streuten ihm irgendwas in die Coca Cola, aber er überlebte und erwachte am nächsten Morgen mit leerer Brieftasche und wahnsinnigen Kopfschmerzen in seinem Zimmer.

Weißrussland blutet aus seinen Gedenkstätten. Direkt hinter dem Hotel *Jubilejnaja* befindet sich eine riesige Grube, wo während des Krieges Juden ermordet wurden. Bei Kurapaty, nicht weit von der Minsker Umgehungsstraße, hat der NKWD im Wald seine Opfer vergraben. Dort steht jetzt ein Kreuz mit der Inschrift: «Den Leidgeprüften Weißrusslands». Auf der Witebsker Chaussee kommt man 60 Kilometer von Minsk entfernt nach Chatyn. Früher machte man dorthin Exkursionen für Soldaten und Schulklassen. Jetzt ist dort niemand mehr. Der Klang der Glocken verhallt in der Leere. Nelli, mit der wir nach Chatyn fuhren, sagte verschwörerisch: «Nach letzten Erkenntnissen waren für Chatyn nicht die Deutschen, sondern die Ukrainer und Litauer verantwortlich. In deutschen Uniformen.» Ich zuckte die Achseln: Macht das einen Unterschied?

Von Minsk nach Brest führt eine Autobahn, die man, wenn sie auch nicht westlichen Maßstäben genügt, immerhin als anständige Schnellstraße bezeichnen kann. Bis Brest braucht man nicht mehr als drei Stunden. Es gibt nichts zu sehen als die Weite der Felder. Besonders im Winter findet das Auge keinen Punkt zum Verweilen. Und wir beschlossen, vorsätzlich vom Wege abzukommen und fuhren in Richtung Südwesten, nach Pinsk.

Die Pinsker Gegend ist berühmt wegen ihrer Sümpfe. Sie trocken zu legen und in fruchtbares Land zu verwandeln, war lange Jahre der Traum der Sowjetmacht. Ich erinnere mich an meine Studentenzeit, da sagte einmal ein wichtiger sowjetischer Politiker zu mir:

«Wenn wir erst die Pinsker Sümpfe trockengelegt haben, dann bricht bei uns der Kommunismus an.»

Vielleicht wollte ich genau deshalb nach Pinsk, weil ich so beeindruckt von seiner Logik war. Der Politiker lebt nicht mehr, die Sowjetmacht fand ihr Ende, aber die Sümpfe mit ihrem schimmernden, rostigen Wasser sind geblieben. Die utopischen Pläne der Trockenlegung spiegeln sich in den Ausmaßen des wichtigsten Pinsker Hotels. Es ist riesig, mit vielen Stockwerken und strebt gen Himmel. Leere, hallende Korridore, Putzfrauen mit rot gefrorenen Händen, geheizt wird nicht, kein Geld.

Bis 1939 war Pinsk polnisch wie das ganze westliche Weißrussland. Das ist nicht zu übersehen. Kaum hat man das Gebiet Brest erreicht, kaum überschreitet man die ehemalige polnische Grenze, findet man weniger Holzhäuser und mehr Steingebäude, darunter, wenn auch selten, gut gebaute Häuser deutschen Typs. Die Friedhöfe werden «polnischer», ohne die «russischen» schmiedeeisernen Einfriedungen um die Gräber, und wie in Polen gibt es oft Kreuze an den Straßenabzweigungen.

In der Fußgängerzone von Pinsk befinden sich auch das ehemalige polnische Gymnasium, das Iwan Scholtowski besuchte (Gedenktafel), der zukünftige Klassiker der Architektur des sozialistischen Realismus (er hat viele Moskauer Häuser gebaut), des weiteren das Haus, in dem sich in den siebziger Jahren des 19. Jahrhunderts ein geheimer revolutionärer Zirkel traf, außerdem das Arbeitsamt sowie das Hauptquartier der bolschewistischen Armee, die 1920 gegen Warschau vorrückte und eine Niederlage erlitt. Hier beschneiden Frauen rosa blühende Sträucher. Sie schenken uns sinnlos große Sträuße. «Fotografiert uns!» Gutmütig sehen sie aus, ihre Metallzähne blitzen. Ein älterer Mann in Hut und schwarzem Mantel tritt auf uns zu. Stellt sich vor.

«Ich bin Otto Werner.»

Von dem Mann war nur der Name übrig. Ein trauriger Deutscher aus Pinsk, der allerdings kein Deutsch spricht. Warum nicht? Er winkt ab:

«Eine lange Geschichte.»

Zuckerrübenfelder. Auf dem Weg nach Grodno, in der Ortschaft Ruschany, treffen wir plötzlich auf die riesigen, (griechisch anmutenden) Ruinen eines Palastes. Die Ruinen Europas. Keinerlei Hinweise. Ein enormer Barockpalast mitten in einem Dorf. Solch ein Palast könnte gut und gern in Frankreich stehen. Lew Sapega, der Besitzer des Gutes, ein litauischer Magnat und Diplomat, feierte hier einst rauschende Feste. «Auf diesen Festen», schrieb ein deutscher Reisender jener Zeit, «betrinken sich die Frauen bis zur Bewusstlosigkeit, ebenso wie die Männer, und in diesem Zustand wälzen sie sich mit den Männern auf dem Fußboden herum. Ähnliche Zechgelage und Ausschweifungen herrschen unter den Betbrüdern und Pilgern.» 1644 verbrachte Wladislaw IV., König des Großfürstentums Litauen, mit Königin Cäcilie Renate und seinem gesamten Hofstaat zwei Wochen in diesem Palast. Zum Abschied schenkte ihm Sapega Tafelbesteck aus massivem

Gold mit einem Wert von 2000 Golddukaten. So jedenfalls erzählt genüsslich der Direktor der örtlichen Schule. 1914 brannte der Palast nieder. 1930 wurde er (unter den Polen) teilweise wieder aufgebaut. 1944 sprengten ihn die Deutschen, bevor sie den Rückzug antraten. In den Trümmern spielen Kinder, drei Arbeiter lungern herum. Ich frage die blonde Kristina, deren Häuschen gleich neben den Ruinen steht – sie hat ein blaues Auge, das sie lakonisch mit «Zigeuner wollten unser Pferd stehlen» erklärt: Wann wird der Palast restauriert?

«Nie», lacht sie. «Die restaurieren schon drei Jahre. Eine einzige Mauer haben sie gemacht. Das ganze Geld ist weg. Versoffen.»

Der Wunsch, blond zu sein, vereint die Frauen von Moskau bis Brest. Schwarz verraten sich die Wurzeln ihrer gefärbten Haare.

Zum ersten Mal während der ganzen Reise spüre ich die Wirklichkeit eines anderen Lebens: Grodno. Straßen und Parks, die an Warschau erinnern. Auch Guido hat, wie ich sehe, das Interesse am Fotografieren verloren. Da könnte er ebenso gut eine Straße in einer beliebigen deutschen Stadt fotografieren. Gegen Abend machen wir einen Besuch beim örtlichen Schriftstellerverband (13 Mitglieder). An einem Tisch sitzt Ales Tschobat, Brille, lange Haare. Der Tschernyschewski von Grodno zeigt uns die Stadt. In Grodno lassen sogar die Autofahrer (im Unterschied zu Russland) den Fußgängern den Vortritt, bremsen ab.

«Das ist bei uns so üblich», sagt Ales stolz, ohne allerdings erklären zu können, woher diese unsowjetische Sitte kommt.

Ich habe unterschiedliche Fahrstile erlebt: den georgischen Show-Stil (in Kutaissi hatte ich einen Unfall), den gesetzestreuen amerikanischen, den rasanten italienischen, den harten Rennfahrerstil der Deutschen, den nachlässigen französischen, den selbstmörderischen der Inder – aber nirgendwo gibt es einen solchen Cocktail von schlechtem Fahren, Unvermögen beim Umgang mit der Kupplung und von unbewusstem Antifußgänger-Sadismus wie in Russland.

Eine ganze Straße von kleineren Barockpalästen, die den Mitgliedern des polnischen Sejm gehörten, welcher hier mit einer gewissen Regelmäßigkeit zusammenkam. Im Neuen Schloss, das zu Sowjetzeiten dem Bezirksparteikomitee als Unterkunft diente, versammelte sich der Sejm zu seiner letzten Sitzung, anlässlich seiner eigenen Beerdigung sozusagen, vor der dritten Teilung Polens im Jahre 1795.

Ales ist Nationalist. Weder für Polen, noch für Moskau. «Ich lebe hier, das ist mein Haus, und ich will nicht, dass man mich belehrt, wie ich zu leben habe.» Das ist sein Credo. Im westlichen Weißrussland gibt es doppelt so viele orthodoxe wie katholische Gemeinden. Bislang steht man sich nicht offen feindlich gegenüber. Auf dem Dorf gehen die Bauern mal in diese, mal in jene Kirche – je nach Feiertag. Zur Erbauung. Wie ins Theater. Der Staat hält anscheinend auf Neutralität. Aber Ales befürchtet eine Wiederholung der jugoslawischen Variante. Der Katholizismus wird wohl siegen. In diesen Breiten gilt er gegenüber der Orthodoxie, dem Volksglauben oder dörflichen Glauben, als die Religion «kultivierter Menschen». Ales neigt ebenfalls, wenn auch nicht ohne Zögern, zum Katholizismus. Seine derzeitigen Arbeitgeber sind polnische Priester; er übersetzt Kirchentexte aus dem Polnischen ins Weißrussische. Was die hiesigen Polen betrifft, so wünschen sie sich eine doppelte Staatsbürgerschaft, um «an der Schlange vorbei» nach Polen reisen zu können. Eine Vereinigung mit dem historischen Vaterland scheint indes nicht so dringend zu sein.

Brest wird bis heute von den besonderen Regelungen einer «Grenzstadt» bestimmt. Viel Militär. Um sich im Hotel einzumieten, reicht für einen Ausländer der Reisepass. Ein Russe muss sich aufs nächste Milizrevier begeben, um eine Genehmigung zu erhalten.

«Und Sie, sind Sie sein Dolmetscher?», fragte die gesichtslose rundliche Empfangsdame aus ihrem Nest mit einem Nicken in Richtung Guido.

«Eher sein vorübergehender Chef.»

Sie glaubte mir nicht. Während unserer ganzen Reise durch Russland und Weißrussland hatte niemand geglaubt, dass ein Russe wichtiger sein kann als ein Deutscher, und sei es auch nur für zwei Wochen.

Nach sinnlosen Protesten meinerseits, die antrainierte Selbstbeherrschung verlierend, machte ich mich am späten Abend auf den Weg zur Miliz. Die Stimmung auf dem Revier war gespannt. Der diensthabende Major beschimpfte gerade unflätig einen Hauptmann, der seinerseits verlangte, ihm einen Dienst-Moskwitsch zwecks Verfolgung eines gestohlenen Wagens zur Verfügung zu stellen.

«Wie stellst du dir das vor, willst du mich hier ohne einen einzigen beschissenen Wagen sitzen lassen?»

Ein Haufen besoffener, unrasierter Männer wartete darauf, dass ihr Schicksal entschieden würde. Einer sagte weinerlich:

«Wieso haben sie gerade mich erwischt? Ich hatte bloß noch 200 Meter bis nach Hause.»

Der Major sah mich an wie einen potenziellen Verbrecher und verkündete, ich hätte außer einem Antrag auch noch eine Quittung aus dem Hotel vorzulegen.

«Ich weiß nichts von einer Quittung», sagte die eine Empfangsdame im Hotel und wandte sich demonstrativ dem Fernseher zu.

«Das ist nicht auf unserem Mist gewachsen», sagte der andere, weniger wichtige Vogel, der in demselben Nest hockte. «Das sind die städtischen Behörden. Die Sache ist die, in der Stadt ist nämlich ein Mord passiert.»

«Was habe ich mit dem Mord zu tun!», schrie ich, da ich nun endlich die Geduld verlor.

Die eine Empfangsdame rief bei der Miliz an, um zu erfragen, was es mit dieser Quittung auf sich habe. Das Gespräch war kurz.

«Was soll das, wollen Sie mich etwa belehren?», fragte der mir bekannte Major in scharfem Ton.

Man gab mir ohne Genehmigung ein Zimmer.

Als nicht weniger absurd erwies sich der Gang zur Kommandantur der Grenztruppen, um eine Fotografiererlaubnis für das Grenzgebiet zu erwirken. Man empfing mich freundlich, ein Offizier verschwand, um mein Anliegen dem Oberst vorzutragen. Ich bot den diensthabenden Offizieren amerikanische Zigaretten an.

«Zu welcher Armee gehören Sie?», fragte ich, während ich ihre sowjetischen Uniformen betrachtete. «Wer bewacht die Grenzen der GUS? Die Russen oder die Weißrussen?»

«Die Weißrussen», erwiderten die diensthabenden Offiziere schüchtern lächelnd, und es war nicht zu übersehen, dass der schlecht angesehene Dienst in der weißrussischen Armee sie nicht gerade inspirierte. Unterdessen war der Offizier wieder aufgetaucht, nahm mich beiseite und eröffnete mir verlegen, meine Angelegenheit sei geprüft und meine Bitte abgelehnt worden. Es war ihm peinlich: Eben erst hatte das japanische Fernsehen an der Grenze gefilmt, gegen Bezahlung, versteht sich.

«Wenn Sie eine Genehmigung erwirken wollen, dann fahren Sie nach Minsk zu unseren Vorgesetzten. Und übrigens», fügte er vertraulich hinzu, «versuchen Sie nur nicht, klammheimlich zu fotografieren; das könnte Unannehmlichkeiten nach sich ziehen.»

Nichtsdestoweniger fotografierten wir «klammheimlich» die Grenze. Kein Mensch beachtete uns. Die Grenze bei Brest ist aber auch eine merkwürdige Sache. Eigentlich ist sie gesperrt. Wovon ein Anschlag kündet. Zugleich ist sie geöffnet für Ausnahmefälle, deren es so viele gibt, dass man unter Umständen einen ganzen Tag bis zur Zollabfertigung warten muss.

Aber was ist schon «ein ganzer Tag»! Früher, als die Grenze noch offen war, zog sich die Schlange der «Tschelnotschniki», der kleinen Handlungsreisenden, die ständig hin- und herfuhren und mit allem möglichen Kram handelten, und der Touristen über viele Kilometer hin, und um die Grenze zu überschreiten, brauchte man bis zu einer Woche. Auf offenem Feld entzündeten die Leute Lagerfeuer, kochten Essen, schliefen in ihren Autos, brachten Kinder zur Welt, starben. Die wegen der sanitären Missstände besorgten Behörden machten die Grenze dicht. An diese heißen Zeiten erinnern bis heute enorme Müllhaufen am Straßenrand. Wie normale Bürger der GUS heutzutage die Grenze passieren, ist deren Privatproblem. Wir jedenfalls stellten eine Ausnahme dar; wir hatten ein besonderes Papier dabei. Alle Ausländer werden als Ausnahmefall durchgelassen, alle übrigen unter Einsatz von Vitamin B.

Die Grenze ist dicht, doch von der früheren Strenge ist nichts mehr übrig. Einmal, noch zu Sowjetzeiten, durchleuchteten die Zöllner sogar eine Melone, die ich im Gepäck hatte, da sie argwöhnten, sie sei mit Gold gefüllt. Heute ist die Prozedur einfacher; die weißrussischen und polnischen Grenzer arbeiten Seite an Seite. Gemeinsame Arbeit begünstigt offenbar eine Lockerung der Sitten. Aber man hat die Rollen getauscht: Früher gebärdete sich die sowjetische Seite wie wild, und die polnischen Grenzer wollten die neuesten russischen Witze erzählt bekommen. Heute schikanieren einen die Polen, die sich als Beschützer Europas vor potenziellen Horden aus dem Osten fühlen.

Die Grenze – das ist der Bug. Ein schmales Flüsschen, ganz «behaart» von Wasserpflanzen. Der Wagen fährt auf eine enge Brücke, bis zur Mitte – und man ist in Polen.

Das erste Gefühl ist sagenhafte Erleichterung. Es fällt einem sozusagen ein Stein vom Herzen. Als sei man nach schweren Prüfungen zu Hause angekommen. Niemand empfängt einen mit Blumen, und man wird hier auch nicht gebraucht, aber genau das ist ja das Bemerkenswerte, dass man auf sich allein gestellt ist. Das ist natürlich eine ganz allgemeine Empfindung, die die dringlichen Probleme der Polen nicht löst. Nur stellt sich einfach alles wieder vom Kopf auf die Füße, die Spannung fällt von einem ab. Hier ist klar, was man darf und was nicht, hier verläuft zwischen diesen Begriffen eine Grenze. Und, was die Hauptsache ist, es gibt eine gemeinsame Kraft zur Aufrechterhaltung dieser Grenze.

Erstens die Veränderung der Stimme. Das ist wohl am deutlichsten: Die Tonart ändert sich. Die Menschen sprechen ruhig, mit friedlicher, nuancierter Intonation.

Zweitens die Energie. Nach den verlangsamten Bewegungen und trägen Gesten bekommt man nun ein Gefühl von Zielstrebigkeit. Die Polen wissen, was sie wollen und was nicht. Es gibt einen Lebensangelpunkt.

Drittens ist schon immer durch unsichtbare Kapillare eine gesamteuropäische, keine entlehnte, sondern eine stabile, integere Vorstellung von Geschmack hier eingeflossen.

Viertens die geschminkten Lippen der polnischen Bäuerinnen aller Altersstufen.

Und schließlich geht auf einmal die Sonne auf: Lächeln! Die Menschen sehen einem in die Augen, wenn sie reden, eine Bestellung aufnehmen oder einfach so mit einem sprechen. Das System der einfachsten Begriffe funktioniert plötzlich wieder: guten-Tag-bitte-danke-entschuldigen-Sie-auf-Wiedersehen.

Kurz hinter der Grenze hielten wir zu einem Imbiss, ein Bauer, der uns auf einem Fuhrwerk entgegenkam, sah uns und lüftete die Mütze. In welchem Jahr ist zuletzt in Russland eine Bauernmütze zum Gruß gelüftet worden? Warum sprang die Kellnerin im Restaurant auf, als ich nach ihr rief? Welche Kraft riss sie förmlich von ihrem Stuhl? Die Polen sind sogar noch normativer als andere Europäer. Ihnen steht der Sinn nicht nach Luxus. Oder nach britischer Exzentrik. Zwei Schritte von hier verläuft die Grenze zum Chaos.

Man muss sich keine Gedanken mehr wegen des Autos machen, man braucht es nicht mehr auf kostenpflichtigen Parkplätzen unter Bewachung abzustellen. Natürlich kann es auch hier gestohlen werden, wie überall in Europa, aber das ist es eben: wie überall oder beinahe wie überall. Nach den Straßen in Russland und Weißrussland hat man das Gefühl, über die Bühne eines Theaters zu fahren – so miniaturhaft erscheint alles.

Bei Terespol, der ersten polnischen Stadt hinter der Grenze, wo wir endlich problemlos bestes Benzin tanken können, liegt die Ortschaft Kukuryki; dort ist der Grenzübergang für Trailer, dort wartet ein ganzer Zug von Lastwagen. Das war die erfreulichste Schlange, die ich auf der ganzen Reise gesehen habe. Die neue Invasion Europas nach Russland. Die Lastwagenfahrer (Österreicher, Deutsche, Tschechen, Holländer usw.), mit denen ich gesprochen habe, boten mir um die Wette von ihrem Bier an, mit dem sie sich sachkundigst eingedeckt hatten; es würde ihnen Türen öffnen in Russland, wohin sie siegessicher aufgebrochen waren.

Die Dörfer sind nicht sehr viel reicher als die weißrussischen, obwohl man hin und wieder sogar Satellitenschüsseln sieht. Viele pflügen noch mit Pferden. Wir kamen mit einem 72-jährigen Bauern ins Gespräch.

«Panowie», sagte er plötzlich mit klagender Stimme, «ich habe eine kranke Frau, mein Sohn ist ein Säufer. Panowie, helfen Sie mir ...»

Maxim wandte sich in einer Imbissstube auf Russisch an die Bedienung, um ein belegtes Brot zu bestellen. Ich bat ihn um etwas mehr Sensibilität und erklärte ihm, dass man hier zu Russen ein eher schwieriges Verhältnis habe. Wie zu den Deutschen übrigens auch (Guido war klug genug, mit den Polen englisch zu sprechen). Maxim brauste auf:

«Bin ich hier ein Mensch zweiter Klasse, oder was?»

Teilweise ja. Im Grunde interessieren sich die Polen nicht besonders dafür, was im Osten vor sich geht, sie wollen eher nichts davon wissen, sodass hier, am östlichen Rand Europas, das Gefühl aufkommt, man habe es bereits mit der stereotyp europäischen Unfähigkeit zu tun, den Osten zu verstehen.

Konstanty Wiśniewski, unser Begleiter im Naturschutzgebiet von Białowieża (das berühmt ist für seine Wisente), ein ehemaliger Förster, der inzwischen Rente bezieht und Touristen durch das Naturschutzgebiet führt, war für mich eine wahre Entdeckung. Wir liefen die schmalen Pfade direkt an der Grenze entlang (zwei Fünftel des Gebiets gehören zu Polen, der Rest liegt in Weißrussland), und der redselige alte Mann machte weniger den Eindruck eines einfachen Försters, als den einer Romanfigur, die konzentriert bestimmte nationale Züge repräsentiert. Er vereinte in sich alle Vorstellungen der Polen von den Russen.

Nicht ohne einen gewissen Sinn für Humor und nicht ohne Selbstbewusstsein erzählte er, wie arm man in den dreißiger Jahren in Białowieża gelebt habe und dass, als 39 die Sowjets kamen, nicht wenige deren Propaganda geglaubt hätten. Die schönen Worte von Gleichheit und Brüderlichkeit hatten sehr bald nichts mehr mit den Tatsachen gemein; viele wurden in den Osten verschleppt. Die Deutschen wurden wärmstens empfangen. Die deutschen Soldaten allerdings, die sie «befreiten» und mit ihnen das Essen teilten, warnten sie, dass nach ihnen «unangenehme Leute» kämen. Die Gestapo ließ alle erschießen, die auch nur im geringsten Verdacht standen, mit den «Kommissaren» in Verbindung gestanden zu haben, alle übrigen wurden ohne jeden Anlass gedemütigt.

Als die «Kommissare» im Jahre 1944 zurückkehrten, waren sie für Wiśniewski nicht die Armee der Sieger, sondern die Armee, die Läuse einschleppte; aber da er unter den Deutschen zu viel gelitten hatte, ging er als Soldat mit den Russen bis nach Berlin.

«Der sowjetische Hauptmann, ein schöner Mann, der sich bei uns einquartiert hatte, benutzte zum Entsetzen meiner Mutter keine Bettwäsche und schlief in voller Montur. Unter meinen Augen», erinnert sich Wiśniewski, «zerschlug er unser ganzes deutsches Porzellan – mir reicht mein Blechgeschirr, hat er gesagt!»

Ähnliche Geschichten werden in fast jeder polnischen Familie erzählt. Für die Nazis Untermenschen, halten sich die Polen im Vergleich zu den Russen für Superman. Besonderer Beliebtheit erfreuen sich die neuesten Witze über sowjetische Touristen, die sich in heiliger Einfalt Teebeutel in den Mund stecken und dann heißes Wasser mit Zucker trinken.

Unser Gespräch wurde vom bärtigen Direktor des Parks unterbrochen, der dem Förster in scharfem Ton die Leviten las, weil er Guido erlaubt hatte, mit Stativ, folglich also zu professionellem Zweck und zudem ohne sein Wissen zu fotografieren. Der Förster nahm den Rüffel mit demütiger Miene hin, kaum war der Direktor aber gegangen, fing er an, ihn mir gegenüber auf Russisch zu beschimpfen, wobei sich sein Russisch, dessen Kenntnis er zuvor verschwiegen hatte (wir sprachen polnisch), als durchaus aktiv herausstellte:

«Was kann man von dem schon erwarten, von diesem Juden? Vom Wald keine Ahnung, aber Direktor werden, bloß, weil er es auf seine jüdische Art allen recht gemacht hat.»

Er appellierte offensichtlich an meine slawische Solidarität.

Das Bild der Russen haben seltsamerweise die neuen Händler aus dem Osten ein wenig verbessert. Noch vor nicht allzu langer Zeit waren Wiśniewski hier nur sowjetische Grenzer begegnet, die dem Alten weismachen wollten, durch seinen Wald würden amerikanische Spione heimlich aus Polen in die UdSSR schleichen.

«Die sind hier rumgekrabbelt, wissen Sie, wie die Ameisen ...», lachte der Förster. «Aber jetzt kommen andere Russen. Bei denen kaufe ich zum Beispiel Nägel und Zigaretten zum halben Preis», fügte er hinzu. «Sie sind gut angezogen und fahren gute Autos. Die scheinen besser zu leben als wir.»

Wiśniewski trauert dem Kommunismus keineswegs nach, findet aber, dass das eine oder andere damals besser war:

«Früher waren wir alle Polen, und jetzt stellt sich raus, dass hier bei uns Weißrussen und Ukrainer leben, die in ihren Zeitungen für die Autonomie kämpfen. Warum gehen sie dann nicht lieber nach drüben?» Da stand er in seiner Waldhüteruniform und winkte energisch ab – in Richtung Osten.

Ich hätte seinen Worten keine besondere Bedeutung beigemessen, wäre nicht dieses Zusammentreffen der Umstände gewesen. Wir setzten unsere Reise entlang dem pittoresken Lauf des Bug fort, kamen bei Sonnenuntergang in das Städtchen Mielnik und hielten bei der orthodoxen Kirche. Im Osten Polens gibt es nicht wenig orthodoxe Kirchen, aber die Kirche in Mielnik wird umgeben von zahlreichen, mit den Jahren dunkel gewordenen Holzkreuzen, die der Kirche ein besonders geheimnisvolles Aussehen verleihen. Auf dem nahen Friedhof entdeckte ich russische Grabinschriften mit phantastischen Schreibfehlern. So konnten nur Menschen schreiben, die in tragischer Weise ihre Muttersprache verlernt hatten. Ein junger, korpulenter Mann kam auf mich zu und stellte sich auf russische Art vor – mit Vor- und Vatersnamen.

«Pjotr Jewgenjewitsch», fragte ich und zeigte auf die Gräber, «wer sind diese Leute?»

«Wir sind niemand», erwiderte Pjotr Jewgenjewitsch. «Wir sind einfach von hier.»

Als er mein Befremden bemerkte, sagte er:

«Kommen Sie morgen früh wieder. Dann können Sie meinen Vater kennen lernen, er ist hier Priester.»

Mitten in der Morgenandacht kam ein kleines Mädchen aus der Kirche gelaufen, ihr hinterdrein eine ältere Frau mit Kopftuch:

«Agnieszka», rief sie. *«Wróć do cerkwi! Pieniążek dam!»* (Agnieszka, komm in die Kirche zurück! Ich geb' dir Geld!)

Vater Jewgeni lud uns auf eine Tasse Tee ins Haus ein, aber der gastfreundliche Hausherr hatte uns reingelegt: Es gab ein richtiges Sonntagsessen mit georgischem Kognak, wie man ihn selbst in Moskau zu der Zeit nicht finden konnte.

«In Mielnik ist die Hälfte von 800 Einwohnern orthodox. Wir sind die vergessene Minderheit», erzählte Vater Jewgeni beim Mittagessen in gleichmäßig dahinfließendem Tonfall, wobei er ab und zu, ohne es selbst zu bemerken, polnische Wörter benutzte. «Wir sind aus dem alten russischen Fürstentum der Galizyns und Wolinskis. Es ist ein katholisches ‹Verdienst›, uns in Russen, Weißrussen und Ukrainer einzuteilen. Sehr bedauerlich, dass Russland nicht imstande ist, die Seinen zu schützen. Das ist überaus schmerzlich. Was ist aus den russischen Soldaten geworden, die 1920 in Gefangenschaft kamen? Das weiß niemand. Kaum einer weiß, dass hier in der Gegend noch vor dem Krieg, im Jahre 1938, mehr als hundertzwanzig orthodoxe Kirchen zerstört wurden. Hätte der Krieg nicht angefangen, wären wir überhaupt vernichtet worden. Und jetzt? Hier gleich in der Nähe liegt das Dorf Tokari, das durch die Grenze in zwei Teile gespalten ist. Zu Pfingsten 1990 sind wir mit unseren Kirchenfahnen und Kreuzen dorthin gegangen. Wir wurden ebenso empfangen. Die Polen haben uns scheel angeguckt. Und dann wurde so was nicht mehr gestattet.»

Der Vater des Priesters war als Kulak nach Kasachstan verschleppt worden, als Jewgeni vier Jahre alt war:

«Die Polen klagen über die kasachische Verbannung, dabei hat man uns Russen dort noch schlechter behandelt. Die Polen waren als Ausländer noch irgendwie wer. Uns hielt man nicht mal für Menschen, wir sind während der Kriegs- und Nachkriegsjahre verhungert. Wir sterben aus. Die Kinder kennen ihre Sprache nicht mehr. Die Polen haben andere Probleme als uns. Unsere Zukunft hängt davon ab, ob die Welt von uns erfährt», gestand Vater Jewgeni, der die Geistliche Akademie in Sergijew Possad bei Moskau besucht hatte. «Manchmal steige ich ins Auto und fahre nach Brest. Da setze ich mich unauffällig, im Jackett, irgendwo auf eine Bank, sehe mir die Leute an, und meine Seele entspannt sich.»

Ich blickte aus dem Fenster in den warmen, goldenen Herbst über dem stillen, sanften Bug (gerade hier, nicht weit von Mielnik, den Flusslauf etwas weiter aufwärts, wo es keine Befestigungen gab, hatten die Vortrupps des Dritten Reichs im Morgengrauen des 22. Juni 1941 die sowjetische Grenze überschritten; Mielnik war damals sowjetisch), dachte an die traurige Kloake in der Grenzstadt Brest und schwieg. Zum Abschied rief mir Pjotr Jewgenjewitsch, der Sohn des Priesters, noch zu:

«Wissen Sie, wo Russland im Westen aufhört?»

Ich sah ihn befremdet an.

«Da, wo Deutschland anfängt!»

Der Priester senkte den Blick zur Erde.

«Was hat er gesagt?», fragte Guido lebhaft interessiert.

«Nichts, nichts Wichtiges», sagte ich.

Abends in Białystok, bekannt wegen seiner Pogrome in der Zarenzeit, sahen wir uns einen amerikanischen Film über Dinosaurier an, der gerade in Mode war, aßen Fast-Food, spazierten vorbei an den hell erleuchteten Schaufenstern der Boutiquen, Buchläden und kleinen Geschäfte. Das Hotel bezahlten wir mit Kreditkarte, und die Studenten, eiligen Schrittes unterwegs zur Universität, lachten und lärmten wie Italiener. Am Vorhandensein von Europa war nicht zu zweifeln. Allerdings gab es auch örtliche Besonderheiten zu beobachten. In der Kathedrale von Białystok waren die Beine der Christusstatue bis hoch zu den

Knien rot von Lippenstift – so heftig wurden sie geküsst. Unangenehm berührt wurde man in der Stadt der legendären Pogrome vom Zustand des jüdischen Friedhofs. Er nahm ein Stück Erde gleich neben den geradezu abgeleckten Gräbern des katholischen Friedhofs ein und war von dornigem Gestrüpp und Unkraut völlig überwuchert. Umgestürzte Grabsteine lagen in wüstem Durcheinander.

«Wie New York!», rief Maxim in kindlicher Begeisterung, als wir auf die Brücke kamen, die über die Weichsel führt. Auf der anderen Seite leuchteten die Fenster der wenigen Hochhäuser Warschaus. Und obwohl der Stalinsche Kulturpalast immer noch das Stadtbild dominiert, hatte unser Fahrer Recht, als er sagte:

«Die haben es schnell geschafft, den Kapitalismus aufzubauen.»

Sogar Guido, der schon einiges gesehen hatte, war beeindruckt vom eleganten Luxus des kürzlich fertig gestellten Hotels *Bristol* an der Krakowskie Przedmieście, wo wir in süßer Bequemlichkeit die Eindrücke unserer Reise austauschten, bevor wir uns trennten:

«Das war in der Tat eine Reise nach Europa», gestand Guido.

Ich hätte zufrieden sein können. Aber unser Gast beim Abschiedsabendessen brachte noch ein paar überraschende korrigierende Bemerkungen ein. Er war einer der seltenen Polen, die sich in polnisch-russischen Beziehungen wirklich auskennen, ein Übersetzer russischer Lyrik.

«Die Polen können ohne Russland nicht leben», sagte Adam Pomorski. «Sie werden zur Provinz.»

Als er merkte, dass seine Worte unsere Neugier geweckt hatte, fügte er mit skeptischem Lächeln hinzu:

«Es ist schwer, den Unterschied an kulturellem Potenzial zwischen Russland und Polen nicht zu bemerken.»

«Das wäre eine ganz andere Reise», sagte ich versöhnlich. «Eine Reise durch Bücher, nicht durch Städte. Dafür wären zweieinhalb Wochen nicht genug.»

Die Zauberyacht *Tote Hose*

Capri

Nehmen Sie an, dies sei ein Traum gewesen. Oder eine prächtige schizophrene Fieberphantasie mit heftigem Wetterleuchten an den Ausläufern des Irrealen. Das Gedächtnis hat nicht alle Einzelheiten bewahrt; auf den Fotos sind überwiegend Landschaften festgehalten. Wir hatten zwei Yachten gechartert. Die Route war einfach wie das Sujet in einem Stummfilm. Wir mussten von Salerno nach Capri und wieder zurück segeln. Fragen Sie nur nicht, wozu das Ganze. Es ist nicht schwer sich vorzustellen, dass es eine unvergessliche Reise war.

Natürlich kann man alles auf die Seekrankheit schieben, eher ist aber wohl meine Erziehung schuld. Ich bin in der guten alten Tradition erzogen, Licht und Dunkel zu unterscheiden, Schönes und Hässliches, Wahrheit und Lüge, gut und schlecht. Das hat mir zwar im Leben noch nie geholfen, jedoch, sagen wir es so, als Leuchtturm gedient. Ich bin kein Katholik, obwohl mir die Idee des reinen Vergnügens immer irgendwie sündig vorgekommen ist. Ich war bemüht, die Grenzen unseres russischen Anstands nicht zu überschreiten. Indessen ist eine Yacht ein reines, durch nichts camoufliertes Vergnügen, darauf alle möglichen Wunderdinge geschehen. Im russischen Bewusstsein ist die Yacht mehr als nur ein Symbol, sie ist das Flaggschiff des Luxus, die Zerstörung metaphysischer Proportionen. Streng genommen ähnelt die Yacht der Klitoris; wenn man verständig damit umgeht, kann man bis zu einem mehrtägigen Orgasmus kommen. Aber während die Hälfte der Menschheit eine Klitoris besitzt, lässt sich das von einer Yacht nicht behaupten.

Andererseits handelt es sich lediglich um ein Boot mit Segel. Ich bin aus alten Wünschen herausgewachsen wie aus kurzen Hosen. Der hellbraune Wellenschlag des Teichs, der Geruch des Schilfs bei Sonnenuntergang, der alte versoffene Bootsverleiher, der die Ruder zur Anlegestelle bringt, auf dem Grund des Bootes unter blauen Planken schwarzes Wasser, das man mit einer Konservendose, in der einmal Sardinen in Tomatensoße schwammen, herausschöpfen muss, das Quietschen der Rudergabeln und die erste verpickelte Gefährtin, die dir beim Einsteigen durch eine ungeschickte Bewegung ihre hellblau gepunktete Unterhose zeigt – all das ist erlaubtes ausschweifendes Sonntagsvergnügen, das im Park unter Aufsicht einer Gipsskulptur bescheiden als sportlich-kulturelle Freizeitgestaltung bezeichnet wird. Schon früher hat es mir gefallen, auf einem Teich bei Moskau Boot zu fahren, darum: Fortsetzung folgt. Yacht ist aber ein schreckliches, endloses Wort. Es spult sich in verschiedene Richtungen ab. Es grenzt historisch an das alte Ägypten. Die Yacht als Idee ähnelt einem Schöpfertum ohne Zweck. Ein Sportwagen oder ein Privatflugzeug sind bei weitem funktionaler. Sie fahren oder fliegen irgendwohin. Die Yacht segelt ins Nirgendwo. Und genau hier beginnt der Yacht-Wahn, der eine Vielzahl seltsamer Erscheinungen erzeugt. Auf einer Yacht bist du aufgerufen, unklar warum, deine Kräfte mit Elementen zu messen, denen du nicht gewachsen bist. Du weißt, dass das Meer stärker ist als du, aber du reizt es wie ein wildes Tier. Vielleicht besteht darin das Geheimnis der menschlichen Natur, aber um das zu verstehen, muss man ein wohl situierter oder zumindest ein wohlhabender Mensch sein – die Yacht nivelliert diese Begriffe. Jedenfalls ist es dir peinlich, bevor du in See stichst, deinen Verwandten und Freunden mitzuteilen, dass du eine Reise mit einer Yacht unternehmen willst, und zu allem Überfluss auch noch entlang der italienischen Küste. Das ist vernünftig. Andernfalls würden sie dich für den Rest deines Lebens immer wieder anpumpen.

Tatsächlich ist die Yacht als Realität menschlicher denn als Idee. Jedenfalls jene Dreißig-Fuß-Yacht, mit der ich Capri umrundet habe. Besonders bewegt hat mich das Schmutzwasser-Entsorgungssystem, über das selten geschrieben wird, mit dem man aber oft konfrontiert ist. Das ist so wie einen platten Autoreifen von Hand aufzupumpen, und überhaupt macht alles, was sich unter Deck befindet, von den Kojen bis zur Kajüte, den Eindruck eines angeschlagenen Bewusstseins. Indes segelt man nicht auf einer Yacht, um in deren Anatomie herumzuwühlen. Man segelt, weil man gesagt hat: «Ich will!»

Von Rom nach Salerno kann man den Zug nehmen, aber ich mietete ein Auto und fuhr zu meinem Freund, der mich an der Küste bereits mit zwei Yachten erwartete. Warum mit zwei, weiß ich nicht – vielleicht sah ich doppelt. So verdoppelt sich auch mein Leben, aber wenn ich das eine Auge zukneife, dann geht's, damit kann man leben. Kurzum, mein Freund hatte den Auftrag, alles Schöne zu fotografieren, und ich, es zu beschreiben. Schönes gibt es in Italien erschreckend viel, und man muss streng damit sein, sonst verliert man den Kopf. Als ich am Hafen ankam, seufzte ich erleichtert auf. Da gab es so viele Yachten aller Art, sehr große, geradezu monströse, mit amerikanischen Flaggen, und auch sehr kleine, dass die ganze Angelegenheit sich in meinem Bewusstsein auf eine alltägliche, auf Normalmaß heruntergeschraubte Erscheinung reduzierte; mir schien plötzlich, dass alle Welt eine Yacht besaß und bloß ich zum Ausverkauf zu spät gekommen war. Übrigens zerstreut sich diese Illusion, sobald man den Hafen verlässt. Auf offenem Meer verwandelt sich die Yacht in die Schale deiner Lebenseinsamkeit, das Ausverkaufsmotiv verwandelt sich in das Motiv von Verlusten und sogar von Leiden, aber nur, wenn man konzentriert in sich hineinhorcht. Vor dir steht, sagte ich mir, eine andere Aufgabe. Da hast du das Meer, da hast du Felsen, beschreib sie gefälligst. Andererseits, dachte ich, was bin ich schon für ein Aiwasowski. Meer, Felsen, schön und gut ... Ich schreibe lieber über Zitronen.

Ich war einmal auf Hawaii, ich kann Ihnen sagen, da gab es vielleicht Ananas!

Manche sind lang und dick wie ein Fernrohr. Doch hier an der italienischen Amalfiküste sind die Zitronen atemberaubend. Es gibt so viele, dass die gesamte Küste vollkommen zitronig ausschaut. Aber sie tragen Tarnkleidung wie der amerikanische Soldat im Irak: Ein Tarnnetz ist darüber geworfen, damit die Vögel sie nicht anpicken, obwohl, wenn ich ein Vogel wäre, warum sollte ich bitter-saure Zitronen anpicken? Was es da für Zitronenungetüme gibt! Sie sind riesig groß, die reinsten Melonen, und als ich ein solches Ungetüm nach Moskau mitbrachte, passte es nur mit Ach und Krach in den Kühlschrank (dabei habe ich einen normalen großen Kühlschrank, nicht so einen Minikühlschrank wie auf der Yacht), alle waren zutiefst beeindruckt, und so liegt sie bis heute noch da und verschnauft, großporig, wie sie ist. Außerdem ist es die Gegend der langen roten, fürchterlich scharfen Pfefferschoten – die lokale Basis gastronomischer Feuersbrünste. Überhaupt, das Essen hier ist … Alles brennt einem im Mund, fliegt, schmilzt, als ob ganze Munitionslager explodieren würden, und man löscht das alles mit einem Rotwein, der fest und prall ist wie ein Feuerwehrschlauch.

Vor dem Essen lernte ich die Mannschaft kennen. Käpt'n auf meiner Yacht war der Italiener Claudio, den bald alle Klawka nannten, und ich dachte: Der Russe ist imstande, die ganze Welt umzubenennen wie er will – vermutlich eine Form von psychischer Störung. Klawka war die personifizierte italienische Gastfreundschaft, aber laut Vertrag ernährte nicht er uns, sondern wir ihn, und darum tat er sich schwer mit seiner Selbstdarstellung. Am Ende der Reise gelang es Klawka aber dann doch noch, uns zu einem Kaffee einzuladen. Die andere Yacht war fest in russischer Hand. Gut, dass es auf See keine Verkehrspolizei gibt. Du kannst einfach drauf los segeln. Wäre Arthur Rimbaud (nicht zu verwechseln mit Rambo) noch am Leben, würde er sein dramatisches Poem «Das trunkene Schiff» umschreiben, denn bei dieser Besatzung hätte der Dichter noch was dazu lernen können. Jedenfalls war es bei ihnen auf der Yacht leichter, seekrank zu werden als bei Klawka – sie segelten so geschwind voraus, überwanden Stille und Sturm, dass wir sie für vierundzwanzig Stunden aus den Augen verloren. Sie interessierten sich nicht für die schönen Seiten Italiens, die sich unterdessen jedoch verdichteten.

Salerno ist weiß Gott nicht übel, aber mit Amalfi nicht zu vergleichen. In dieser Stadt gibt es eine Renaissance-Kirche, die aussieht wie ein verwaschenes gestreiftes Matrosenhemd und hinter der Kirche einen Klostergarten für weltbewegende Gespräche. Am liebsten würde man für diese Schönheit alles hinschmeißen – die Heimat und die Liebe. Doch halt, verehrter Leser, gib dich nicht voreilig all dem hin. Besser natürlich, man bewahrt die Schönheit Italiens in seinem Herzen, macht fleißig Fotos und zeigt sie, nach Hause zurückgekehrt, seiner geliebten Freundin und Ehefrau. Das ist weiser und sicherer. Doch während man mit der Schönheit Amalfis noch irgendwie fertig werden kann, muss man sich, nachdem man mit dem Taxi zu dem extrem malerischen Dorf Ravello hinaufgefahren ist, eingestehen: Hier bist du machtlos. Mag sein, dass dies kein Weltwunder ist, aber es ist nicht weit davon entfernt. Die Marmorbüsten des unvergesslichen Parks blicken dir vor dem Hintergrund des uferlosen Meeres mit der stummen Frage in die Seele: «Wer bist du, Junge, und was machst du hier?»

Ich habe gesehen, wie eine junge französische Touristin mit einem kleinen blauen Rucksack auf dem Rücken bei diesem Anblick weinte. Mein Freund und ich saßen ebenfalls da und schauten finster drein. Warum haben die eigentlich alles: gutes Klima, Statuen, Rosen (was für Rosen!) und Demokratie, und wir? Was haben wir?

«Nett, dass sie einen immerhin reinlassen, um das alles zu sehen», sagte mein Freund.

«Ach was, tote Hose!», sagte ich.

«Wie – tote Hose?»

«Ach, alles. Italien ist tote Hose, die Statuen sind tote Hose …»

«Und unsere Yacht ist total tote Hose!»

Das war der Moment, in dem wir unsere Meereszauberflöte in *Tote Hose* umbenannten. Und irgendwie wurde uns gleich leichter ums Herz. Das richtige Wort zu finden, ist der Schlüssel zur Fortsetzung des Lebens. Was ist schon das Leben! Es besteht aus einer Vielzahl von Sorgen. Über alle kann man sich nicht hinwegsetzen. Hängt man aber am richtigen russischen Wort, ist man gerettet. Lohnt es sich zu erwähnen, dass auch die nächste italienische Stadt – Positano – total tote Hose war? Die sanften Hände der Bootsführer aus Positano halfen uns beim Umsteigen aus der Yacht in einen Kutter, der uns mit aufheulendem Motor rasch zum nächsten Restaurant an der Uferpromenade brachte. Es war Essenszeit – eine geheiligte Stunde. Alle aßen zu Mittag, drehten mit Gabeln und Löffeln Spaghetti mit daran klebenden Meeresfrüchten. Und da verstand ich, dass es uns an gesamtnationalen gastronomischen Ritualen fehlt. Wir alle essen in unseren eigenen Höhlen zu verschiedenen Zeiten unterschiedliche Nahrung; uns verbindet weder Meeresgetier auf der Gabel noch Lebensfreude.

«Und trotzdem sind wir keine toten Hosen», sagte ich.

Mein Freund stimmte mir zu. Wir stiegen den Berg hoch, um durch die Geschäfte zu bummeln. Vom Standpunkt eines normalen Menschen sind die italienischen Geschäfte nur mit Blödsinn vollgestopft. Da hängen irgendwelche bemalten Teller, in einer Ecke ebensolche bemalten Töpfe. Wozu? Überhaupt gibt es in Italien nichts zu kaufen außer Klamotten von Versace. In einer Bar, die nach Vanille und Kaffee duftete, trank ich einen Grappa. Tolle Sache! Und doch, und doch – das ist es nicht. Die Schwermut. Die Schwermut setzt einem zu. Man möchte irgendetwas anderes und weiß nicht was.

Da sagte mein Freund, dass wir morgen auf Capri sein werden.

Ich liebe Capri mit einer blödsinnigen Liebe. Möglicherweise ist Capri die blödsinnigste Liebe meines Lebens. Ich weiß, dass man Capri nicht lieben darf. Das ist dasselbe wie die Tretjakow-Galerie zu lieben. Ja, und wofür sollte man Capri auch lieben? Da gibt es nichts Gutes. Na schön, es gibt ein anständiges Restaurant, das *Verginello* heißt (was soviel bedeutet wie keuscher Junggeselle) und wo ich seinerzeit mit meiner italienischen Geliebten, die eine tolle Nase hatte wie Anna Achmatowa, gern zu Abend gegessen habe. Wir fuhren extra von Mailand nach Capri, um dort zu Abend zu essen, denn es gibt dort ein so einfaches Essen, dass es der Magen beinahe nicht zu bemerken scheint. Aber sonst – tote Hose. Die Villa Jovis auf dem Monte Tiberio – tote Hose, nichts als Ruinen. Die blaue Grotte – total tote Hose. Und warum Gorki auf Capri gelebt hat – keine Ahnung. Aber trotzdem zieht es einen an. Diesmal kamen wir angesegelt wie die Könige, mit zwei Yachten, und uns wurde angst und bange, das Herz hämmerte: tote Hose, tote Hose, tote Hose, tote Hose. Und was tun?

Nach Hause möchte man nicht. Nichts möchte man. Sich die Pulsadern aufschneiden möchte man auch nicht. Capri ahoi!

Apfelsinenherbst

(Lwiw – Iwano-Frankiwsk – Tscherniwzy)

Ukraine

Russland ist ein geniales Land. Es kann aus Europäern Romantiker machen. Allerdings verblassen die siegreichen Romantiker gewöhnlich und werden zu Flaubertschen Philistern. Zu was wird die orangene Ukraine? Die Wellen der Romantik haben schließlich auch sie erreicht.

Es gibt Träume, die endlos und quälend wie die Idee der Erwartung sind, wo es keinen Ausweg, aber viele Fallen gibt und das Versprechen einer unerfüllbaren sentimentalen Reise im Konjunktiv gegenwärtig ist. In der Regel gestalten sich solche Träume farbenprächtig und schön: Plötzlich sind da ein warmer sonniger Herbst, fließende Konturen ferner Berge, eine Landstraße und der flammendrote Lebkuchen eines Buchenwäldchens. An den Buchen wachsen Apfelsinen. Das Flugzeug, dessen vorsintflutliche Propeller ein sattes Summen von sich geben, landet auf einem dir unbekannten Flugplatz, auf dem eine Handvoll Leute in letztlich undefinierbaren Uniformen erscheint. Erst lässt du in einer lauten Halle dir nicht ganz verständliche Formalitäten im Zusammenhang mit den Initiationsriten des Zolls und den Schikanen der Passkontrolle über dich ergehen. Dann bist du endlich in einer seltsamen Ecke der Zivilisation angekommen, die sich die Freiheit genommen hat, nicht zu fliehen, sondern an Ort und Stelle zu bleiben.

Die gepflasterten Straßen der Stadt, auf denen man sich leicht ein Bein, den Verstand oder das Gedächtnis brechen kann, geben dir ein verwischtes Bild von irgendwelchen irgendwann gelesenen Büchern, Erinnerungsfetzen, die praktisch nichts mit dir zu tun haben. Du möchtest glauben, dass du auf festem Boden stehst. Hier ist alles vernachlässigt und vermischt: Italienische Innenhöfe, die auf schneefreie Winter hindeuten, deutsche Apotheken, die aussehen wie Museen, in denen vorsintflutliche Blutegel verkauft werden, schockierend starker Kaffee unter Jugendstillampen, Haufen von Büchern mit gotischer Schrift. Die Straßen sind zu Ehren von Völkern benannt, die hier Handel trieben und hier auch erschossen wurden.

Wie im Traum üblich, sollte hinter der nächsten Ecke der Schrecken lauern. Er kann verschiedene militärische Formen annehmen, doch an Stelle des Schreckens erblickst du zuerst Jesus Christus, der in der Pose des Rodinschen Denkers auf einem Dach sitzt; wahrscheinlich haben ihn verschiedene Umstände dort hinaufgetrieben, und unklar ist, wann er von dort freiwillig wieder heruntersteigt. Hier leben junge Leute, die bereit sind, Barrikaden zu bauen und Gedichten zu lauschen. Der weinende steinerne Löwe auf dem Umschlag des Stadtführers, der in einer Sprache geschrieben ist, die viele deiner Landsleute für eine Parodie auf ihre eigene zu halten geneigt sind, hat viele Gründe, in Tränen auszubrechen. Diese Stadt wird von verschiedenen Kulturen beansprucht, welche sie als die ihre betrachten, und – von «Kommissaren in staubigen Helmen», die bis heute nicht begreifen können, wie sie ihre Stadt verloren haben, und wenn schon, ob für lange. Man muss ein sehr ungeschickter Imperialist gewesen sein, um sich so blöd anzustellen wie diese verstaubten Mammuts es getan haben. Ich höre Fetzen von polnischem Vogelgezwitscher, das sich auf Touristengruppen konzentriert, die praktisch mit dem öffentlichen Nahverkehrsbus hergekommen sind, und die verspäteten Reuebekundungen des Deutschritterordens, denen man hier unverdienterweise zu huldigen bereit ist.

Am Abend führt man dich durch eine Toreinfahrt, in der es nach Jahrhunderte alter Katzenpisse riecht, und schickt dich in einen rappelvollen Keller, dessen Zuschauerraum in Dunkelheit versinkt. Was sollst du diesen Leuten sagen, die du nicht kennst und nicht siehst? Du kannst dich mit Scherzen herausreden, dass du, wärest du Einwohner dieser Stadt, die keine moderne Kanalisation besitzt, in der Wasser teurer ist als Bier, ebenfalls ein großer Masochist geworden wärest. Im Grunde genommen ist das ein Monolog mit dir selbst. Doch das unsichtbare Volk verlangt von dir Standortbestimmungen. Eine verantwortungsvolle Zeit – «Mit wem seid Ihr, ‹Meister der Kultur›?»

Mit den Launen des Klimas ist schwer zu diskutieren. Wenn in dieser Stadt ein kalter Wind weht, dann kommt er aus der Richtung deines Heimatlandes. Er reißt die orangenen Blätter ab. Wenn deine Sprache grob beschimpft und dies mit den Schwierigkeiten des historischen Moments erklärt wird, dann verstehst du, dass Toleranz deine zweite Natur ist.

Gegen Morgen bringt man dich aus der Stadt. Du legst die Stirn in Falten. Dich befällt das falsche Gefühl, dass in der Stadt schon geschossen wird. Nette, begabte Menschen fahren dich mit dem Auto; in dir erwacht eine für diese Orte charakteristische Romantik. Und da ist auch schon die etwas kleinere Stadt, jedoch ebenfalls ganz in Orange, den Farben der Zeit. Da ist das Rathaus, das sich vor Corbusiers Phantasien nicht verstecken muss. Das vorherige hat man gesprengt. Wer das war? Unwichtig. Zu viel Dynamit hat sich in der Geschichte angesammelt. Noch einer, ein neuer Keller. Dort werden erneut Offenbarungen von dir erwartet. Irgendein betrunkener Romantiker, ein Dichter mit dem Spitznamen Crazyk, schenkt dir einen ganzen Schwarm Zeitungspapierschwalben. Dank auch an den anderen Romantiker, der dir auf der Straße zum Zeichen der Brüderlichkeit eine Plastikflasche mit einheimischem Bier hinstreckt – es wird nicht das letzte Mal sein, dass wir in bitterer Ekstase miteinander verschmelzen. Man bekommt Gerichte aus dem Karpatenvorland zu essen, die einerseits den Gourmet befriedigen und andererseits nach von irgendjemandem verbotener Verbrüderung schmecken.

Dann verwandelt sich die Straße in verrückte Phantasien wie bei Fellini. Der Fahrer erzählt dir vom hiesigen Zirkus, von Affen und Seiltänzern – und zack!, durch den halb vertrauten Redefluss erfährst du plötzlich vom schrecklichen Tod einer Akrobatin! Mit Weinlaub bewachsene Häuser lassen in dir den Verdacht aufkeimen, dass man dich heimlich über die Grenze gebracht hat. Hier verschmilzt der Papst nicht mehr im Kuss mit orthodoxen Werten – die Friedhöfe nehmen das Aussehen von Hügeln und Bächen einer anderen Kultur an – auf den Wegen gehen Tote, die aussehen wie schnauzbärtige Rumänen. Noch ein wenig Geduld, und du fährst in die Stadt, die berühmt ist für ihre Spitzbogenuniversität. An der Fakultät für fremdsprachige Literatur betrachtest du deine ersten Bücher, die noch in der UdSSR, der schon angeschlagenen Großmacht erschienen sind, du sprichst mit den heiligen Philologen über Michail Bulgakow, der in dieser Gegend verwundeten Soldaten Arme und Beine amputierte, um endgültig enttäuscht der Medizin den Rücken zu kehren und seine Leidenschaft für Morphium zu entdecken. Du erwartest, eine jüdische Marktstadt vorzufinden, doch hier vereinigen sich klammheimlich Bukarest und Budapest – welch ein Verlust wiederum für die Kommissare! Alle sind weg: die Juden, die Dichter, die Prosaiker – die Stadt ist der Willkür des Schicksals ausgeliefert, und in dem kleinen plüschigen Theater mit zweihundert Plätzen findet deine Begegnung mit der einheimischen Intelligenzia statt. Sie sind gekommen wie zu einem Abschiedsempfang für uns alle. Die grauhaarigen Damen sind schön frisiert – in der Stadt gibt es ebenso viele Schönheitssalons wie Friseure und Beerdigungsinstitute in dem bekannten sowjetischen Klassiker. Was soll ich ihnen vorlesen, deren Lippen zusammengekniffen sind vor Verachtung gegenüber der Mühsal des eigenen Lebens, dass sie nicht an Überforderung sterben? Eine junge Französischlehrerin bittet dich um eine Widmung auf Französisch. Die Assoziationsvorräte sind aufgebraucht. Du musst gestehen, dass die große Kultur irgendwohin abfließt, durch unbekannte Löcher, durch die Unverträglichkeit der Generationen. Hier liebt man die russische Kultur mit einem letzten Liebesaufschrei – was weiter wird, weiß keiner. Aber du weißt ja: Weiter gibt es ein Besäufnis im Büro des Direktors. Dort werden namentlich alle erwähnt, nach allen wird sich leidenschaftlich erkundigt, und der Direktor nimmt die Brille ab und fragt: Hören Sie, wer sind wir denn? Am nächsten Morgen Bier statt Tee, der Flughafen aus der Epoche der Antiparteigruppierung Molotows, welcher sich seinerzeit diese Gegend mit Zustimmung Hitlers unter den Nagel riss, noch ein Bier mit den Begleitern, die zu Freunden geworden sind. Du erwachst im Sitz eines Propellerflugzeugs – die Kultur deines Traums wird sich auch ohne deine Bemühungen selbst finden.

Kater und Fische

(Übergangssaison)

Côte d'Azur

Die französische Riviera ist berühmt für ihre Küche. Der allseits anerkannte Knüller ist die Bouillabaisse, eine so dicke Fischsuppe aus verschiedenen Meeresfischen und Schalentieren mit Scheren, dass in dem heißen Teller der Löffel stehen bleibt. Die Mittelmeerfische werden sowohl nach dem Geschmack als auch nach dem Äußeren ausgesucht. Das sind keine Fische, sondern extravagante Missgeburten, die ihre Namen zu Recht tragen: Seeteufel, Knurrhahn, Drachenkopf, der auf Französisch «rascasse» heißt, was wie das russische Wort für «Erzählung, Geschichte» klingt: «rasskas». Nicht weniger heillos sieht übrigens ein Fisch aus, der «Saint Pierre» oder Petersfisch heißt – eine obligatorische Zutat. Wie dem auch sei, die französische Riviera ist selbst eine Bouillabaisse: eine kräftige Ansammlung von menschlichen Fischen verschiedenster Größen, Ambitionen und Formen. Hier brodeln schon lange alle in einem Topf, dass der Deckel klappert: Aristokraten, Avantgardisten, internationale Abenteurer, einheimische Gauner, Snobs, Künstler, Regisseure, Schauspieler, Sänger, Emigranten, politische Extremisten, Finanzhaie, Bohemiens, Sportler, Kokainschnupfer, Selbstmörder und allerlei Damen mit Hündchen. Der Eine verspielt wahnsinnige Summen in Monte Carlo, der Andere kutschiert mit einem Oldtimer, blank gewienert wie Sonntagsschuhe, in der Gegend herum, der Dritte erschafft Meisterwerke, der Vierte faulenzt mit Sonnenbrille und Buch im Liegestuhl, der Fünfte klappert die Geschäfte ab und kauft Tischtücher mit Sonnenblumen drauf, bemalte Keramik und Lavendelseife. Man kann aber auch einfach am windigen Cap Ferat am Meer spazieren gehen.

Côte d'Azur – das ist mein Arbeitstitel für diese Orte. Der Schriftsteller Stephen Liégeard schrieb im Jahre 1887 den Roman *Die azurne Küste*. Das ist die Entlehnung aus dem französischen *Côte d'Azur*. Ich würde den Namen Côte d'Azur beibehalten. Das klingt wie ein vornehmer russischer «kott» – ein Kater, von denen es dort viele Prachtexemplare gibt. Sie liegen, ein Auge zugekniffen, faul in der Sonne, ein Hinweis auf die Wonnen dieser Gegend, und wirken aristokratisch, daher auch der stolze Name «d'Azur». In Südfrankreich stiehlt man dem Leben einen Leckerbissen des Daseins. Während in Italien alles auf Kultur fixiert ist, darf man sich an der Côte d'Azur Katerwonnen hingeben.

Ich habe diese Orte schon lange ins Herz geschlossen. Durch meinen Vater, der Diplomat war, kam ich anlässlich des Filmfestivals 1958 als kleiner Junge nach Cannes, wo in jenem Jahr der russische Film *Wenn die Kraniche ziehen* gewann. Aber für den Rest meines Lebens werde ich mich nicht so sehr an die Hauptdarstellerin Tatjana Samoilowa erinnern, als vielmehr an die Stacheln einer riesigen Kaktee, die in meinen Händen stecken blieben; damals wollte ich das Gewächs ausreißen und als subtropisches Souvenir mit nach Hause nehmen. Heute habe ich für mich die Côte d'Azur in einen mobilen Schreibtisch verwandelt. Um zu schreiben, brauche ich keine Lampen, sondern die Sonne. Die gibt es hier im Überfluss. Und warmes Meer gibt es in den Sommermonaten ebenfalls für alle genug. Die lärmenden Touristenmassen umgehe ich auf einfache Weise; ich komme hierher, wenn der Ansturm der Hauptferienzeiten vorbei ist. Die Übergangssaison an der Côte d'Azur, das ist es, was ich brauche.

Es gibt diese eleganten Herrenmäntel für das Frühjahr oder den Herbst, die so tun, als ob sie eine ganz bescheidene graue Angelegenheit seien. Grau ist eben Grau. Aber wenn man genauer hinschaut, wie so ein Mantel genäht ist, wie er sitzt, beginnt man unwillkürlich für Qualität von Schnitt und Zwirn Respekt zu empfinden. Sobald man ihn aufknöpft, sobald sein bordeauxrot schimmerndes Seidenfutter an Gottes Tageslicht kommt, fehlen einem die Worte – man ist fasziniert. Genauso ist es mit Frankreich. Du steigst an einem grauen Tag bei Nieselregen in Paris aus dem Flugzeug, und plötzlich spürst du die nasse Glückseligkeit der Existenz. Doch wo ist das bordeauxrote Futter? Damit hat man in Frankreich kein Problem. Nehmen wir an, du gehst auf die Place Saint-Sulpice beim Jardin du Luxembourg und hinunter in die große Tiefgarage. Fünfzehn Minuten später gleitest du in einem französischen vierrädrigen Spielzeug (rent-a-car) aus dem 21. Jahrhundert ans Tageslicht und über Pariser Boden. Regen wie zuvor, vom Himmel kommen gelbe Platanenblätter auf die Windschutzscheibe geflattert, die so groß sind wie deine Hand mit gespreizten Fingern. Nach einem Blick auf die Straßenkarte wählst du die Autobahn nach Lyon und fliegst über den nassen Asphalt Richtung Burgund. Immer noch Regen. Wenn du die Rhône praktisch erreicht und dich nach den weinbedeckten Hügeln umgeschaut hast, geht es zielstrebig die Karte abwärts. Auf das regnerische Lyon hast du heute keine Lust, darum lässt du es rechter Hand liegen, und ungefähr nach anderthalb Stunden beginnt ein langer, irgendwie an eine Ski-Piste erinnernder, nicht weiter bemerkenswerter Pass. Nachdem dein Wagen ihn mit Leichtigkeit überwunden hat, erblickst du das erste Wunder: Der Himmel schiebt sich auseinander wie der Vorhang im Bolschoi Theater, transparent zitroniges Licht ergießt sich über die ganze Erde, die sogleich nach ganz neuen Gerüchen duftet. Du bist in der Provence angekommen. Und genau hier beginnt das Futter des französischen Mantels, aber um seine ganze Pracht zu begreifen, muss man noch ein wenig Geduld haben. Wenn du durch Avignon und Aix-en-Provence gefahren bist, geht es Richtung Meer, und in Cassis darfst du es dann begrüßen. Was soll ich über das Mittelmeer sagen? Hier fühle ich mich heimischer als in der Heimat. Es ähnelt dem Schoß der Mutter mit einer frechen Untermalung von Federwölkchen. Und hier genau geschieht das zweite Wunder: Ob November, Dezember, Februar oder März, du fährst mitten in einen lieblichen Mai hinein. Übrigens kann man auch mit dem Flugzeug ohne Umwege im lieblichen Mai von Nizza landen.

Es ist nun mal so, dass unser Bewusstsein den «lieblichen Mai» an die gleichnamige russische Musikgruppe und deren einfältige Melodien verpachtet hat, aber was soll man machen, wenn Südfrankreich seinen eigenen ewigen lieblichen Mai hat, den man mit den ganz großen Vorstellungen von Lebensfreude assoziiert? Von Cassis bis zur italienischen Grenze hat dich die Lebensfreude fest im Griff und lässt dir keine Ruhe. Man sagt zu mir: Gibt es an der italienischen Riviera etwa keine? Ich will die Italiener nicht beleidigen, aber die französische Küste, vermischt mit der lieblichen Landschaft, besitzt ein besonderes Aroma. Es ist ein Gefühl von unvergleichlich komfortabler Glückseligkeit mit einem Schuss Sorglosigkeit. Hier hat Lebensfreude keinerlei angewandten Charakter; sie basiert nicht auf der einfachen Arbeit des Weinbauern oder dem Stammbaum des Aristokraten. Sie richtet sich an jeden, der gerade daherkommt, sie hat etwas von unverdientem Glück und Diebstahl.

Saint-Tropez ist vom Standpunkt italienischen Geschmacks weiß der Kuckuck was, eher ein Witz, und sogar das berühmte Cannes ist ein Flop (hinsichtlich der Architektur) im Vergleich zum immanenten Genie italienischer Baukunst. Aber der Charme dieser Orte, die auch die Italiener magisch anziehen, besteht in der Überwindung gewisser Gesetze des Anstands, denn so schön zu leben ist unanständig. Ich will nicht behaupten, dass die Einheimischen, die ich von vielen Reisen hierher kenne, sorglos das Leben genießen. Aber sogar sie haben etwas von Touristen. Wenn wir alle Gäste auf dieser Erde sind, dann sind wir an der Côte d'Azur offenbar alle Touristen. Ich spüre hier meine Exterritorialität. Doch letztlich bin ich auch ein Fisch in dieser Bouillabaisse. Ich füge mich ganz wie von selbst in die Atmosphäre der Côte d'Azur ein, gleichberechtigt mit allen anderen, und wir vermischen uns mit den Franzosen, den kräftigen Palmen, den Kaffeedüften und Orangenhainen, dem Zikadenorchester und dem Plätschern der Wellen am Rumpf der Yachten, die in stillen Buchten liegen. Aber das Wichtigste ist das unerschütterlich gute Wetter, die Munterkeit der Luft, die sich auch deinem Körper mitteilt, und die beiden blauen Räume, die ineinander übergehen: Meer und Himmel.

Vor einigen Jahren, als ich an meinem Roman *Das jüngste Gericht* schrieb, habe ich mit Computer und Ölöfchen bewaffnet einige Monate der Übergangssaison in einem Dorf auf einem Hügel bei Nizza verbracht. Der Winter fällt in diesen Breiten unter den Begriff «demi saison», Übergangssaison, beinahe gleichberechtigt mit dem Herbst und dem Frühling. Jedenfalls konnte man am Neujahrstag im Café auf der offenen Veranda sitzen, und dann fingen plötzlich und unbemerkt die Mimosen an zu blühen, die hier geliebt und gefürchtet werden. Gefürchtet, weil diese zarten Bäumchen sich wie verrückt vermehren, alles um sich herum zudecken und zugleich mit ihren zarten Dünsten Waldbrände provozieren. Ich hingegen habe mich ehrlich gesagt nicht vor Mimosen gefürchtet, sondern vor der Nähe Monte Carlos, umso mehr, als ich in der Silvesternacht beim Roulette einen ganz ordentlichen Gewinn gemacht hatte (mit dem Geld konnte ich für meinen gesamten Aufenthalt ein Auto mieten). In meiner so genannten arbeitsfreien Zeit habe ich alles abgeklappert und gesehen: Museen, Restaurants, Aussichtspunkte, Prominentenvillen, Promenaden, das Zitronenfest in Menton und das Blumenfest in Nizza. Aber sogar danach hatte ich die Côte d'Azur nicht satt. Erst kürzlich war ich außerhalb der Touristensaison für zehn Tage hier und spürte wieder diesen gewissen Zauber.

Die Côte d'Azur hat im 20. Jahrhundert für die Weltkultur eine ähnliche Rolle gespielt wie Florenz in der Renaissance. Hier lebten Picasso, Matisse, Chagall und Corbusier, Ikonen der Moderne, die die Grundlagen einer modernen Weltsicht entscheidend mitgeprägt haben. Hierher begaben sich aus verschiedenen Überlegungen heraus auch weltweit bekannte Lieferanten des erotischen Realismus: D. H. Lawrence, der Schöpfer von *Lady Chatterley* und Iwan Bunin, Autor von *Dunkle Alleen*, der in Grasse lebte, der Heimat von Chanel No. 5. Hier warfen in den fünfziger Jahren zwei von frühem Erfolg verwöhnte junge Frauen die Ketten sozialer Verpflichtungen ab: Das französische Kino löste skandalöserweise den BH von Brigitte Bardot, die später als Nationalistin Schirinowski das Wasser reichen konnte und zur Schutzpatronin einheimischer Katzen wurde; Françoise Sagan tauchte die Wortkunst ins Privatleben ein. Es gab alle möglichen Wunderdinge und Metamorphosen; der schlechte Geschmack der Côte d'Azur war verflochten mit ausgesuchten Umgangsformen. In Nizza beobachtete der böse Genius der französischen Literatur, der junge Louis-Ferdinand Celine, durch ein Loch in der Wand (seine erste Arbeit) die Käufer von Brillanten in einem Juweliergeschäft und war verblüfft über die diebischen Neigungen der menschlichen Natur. Hier gestand sogar Majakowski, der Dichter der Revolution, seinem Freund, dem Maler Annenkow, dass er Probleme mit der Sowjetmacht habe. Es hätte nicht viel gefehlt, und er wäre nicht zurückgekehrt. Im Städtchen Sanary-sur-Mer fand sich ein antinazistisches Literatentrüppchen aus Deutschland mit Thomas Mann an der Spitze ein, um hier zu leben und Pastis zu trinken. Sie erklärten Sanary zur «Hauptstadt der deutschen Literatur». Als ich kürzlich in der Nähe dieses Städtchens in der Villa von Freunden wohnte, versuchte ich das von jenen Deutschen gern frequentierte Feinschmeckerlokal *La Tour*, in dem «rouget», Meerbarbe im Salzmantel, auf der Speisekarte steht. Mit einem Holzhämmerchen wird der Salzmantel aufgeklopft, bis er in Stücke zerfällt. Das Essen dort ist so köstlich, dass man sein Zeitempfinden verliert. Ältere Kellner und Kellnerinnen pflegen hier die Traditionen des würdevollen Servierens von Essen – die goldene Mitte zu treffen, also weder unterwürfig noch grob zu sein. Ich aß den «rouget», stellte mir diese deutsche Gesellschaft vor und wunderte mich über deren Geschlossenheit (es ist schwer, sich russische Schriftsteller vorzustellen, die in der Emigration beinahe in einer Kommune leben); höchstens das große Original Bertolt Brecht maulte, dass es ihm langweilig sei. Wahrscheinlich schrieb er auch aus Langeweile hier seine berühmte *Dreigroschenoper*. Ich verstand, dass die Côte d'Azur mit ihrer sanften Meeresluft die Emigrantenwunden leckt und das Heimweh nicht nur durch die Sonne lindert, sondern auch durch ihr Abgeschirmtsein von der Geschichte. Man verfällt in einen Ohnmachtszustand – hier wird man sogar zu faul für eine Fahrt nach Paris. Aber natürlich kommt die Geschichte dennoch zum Vorschein. Man braucht nur daran zu denken, dass die Franzosen Nizza erst Mitte des 19. Jahrhunderts endgültig eingesackt haben, weshalb es bis heute wie eine schöne Gefangene in orangeroten Röcken aussieht. Das Roya-Tal südöstlich von Menton haben sie 1947, im Jahr meiner Geburt, von den schuldbeladenen italienischen Faschisten kassiert (noch ein weiterer Krieg, und sie treten Genua ab). Dabei wussten sie genau, dass sie sich ein richtiges Sahnestück schnappten. Ich bin extra in dieses Tal gefahren. Es ist von einer herzzerreißenden Schönheit – nicht nur von der Natur her, sondern auch durch die Architektur. An den Berghängen einige an große Vogelnester erinnernde ehemals italienische Städte – ich weiß nicht, ob man dort leben kann, aber sie anzuschauen, ist eine einzige Freude.

Vom deutschen Sanary im Westen, das umgeben ist von schmalen, mit duftenden Fichten bewachsenen Calanques, steilen Fjorden, bis zum russischen Zitronengarten Eden Menton – das ist die übliche Route meiner unaufdringlichen Reisen entlang der Côte d'Azur. Manchmal mache ich einen Abstecher nach Cannes, manchmal nach Nizza, um ein Glas Rotwein im Hotel *Negresco* zu trinken, welches das großbürgerliche Ideal eines erfolgreichen Lebens verkörpert, manchmal versuche ich mein Glück im hässlich reichen Monte Carlo. Ich hab's kapiert: Der Kater Côte mag keine Zwänge. Leichte Geringschätzung ihm gegenüber ist ihm lieber. Doch die russische Côte d'Azur ist für mich ein besonderes Kapitel. Kater Côte hat Hunderte von russischen Emigranten beherbergt. Überreste von kyrillischen Buchstaben an der ehemaligen Militärbasis in Villefranche, der mit der Zeit grün gewordene Alexander Herzen auf dem Friedhof in Nizza, das Hotel in Menton, in dem Tschechow abgestiegen ist – all das zeugt davon, dass wir irgendwann einmal gewusst haben, wie man mit dem Matschwetter der Übergangssaison fertig wird, nur mit der politischen Katastrophe sind wir nicht fertig geworden. Wir waren ein Teil dieses Landes, und wieder kehren wir hierher zurück, um die reifen Zitronen zu ernten. Kater Côte ist großzügig. Kater Côte schenkt uns Lebensfreude. Kater Côte und die Fische. Auch ich bringe als Symbol der Lebensfreude eines dieser Tischtücher mit nach Hause. Das endlos sich drehende Rad der Natur, das Rad der Sonne, das Rad der Sonnenblume, das Glücksrad, das Roulette des Erfolgs. Kater Côte winkt mir zum Abschied zu. Er weiß, dass er mich so schnell nicht los wird.

Ein ungewöhnlicher Faschismus

Norwegen

Seit dem 2. Juni 2004 verbietet die norwegische Regierung ihren Bürgern das Rauchen an allen öffentlichen Orten, einschließlich Bars und Restaurants. Vielleicht ist das nicht das bedeutendste Datum in der Geschichte des modernen Europas, aber es ist durchaus symptomatisch. In einer Bar nicht zu rauchen, das ist, wie jeder Mensch weiß, der auch nur ab und zu eine aufsucht, nichts anderes, als würde man dort keine alkoholischen Getränke konsumieren.

«Ich bin gegen dieses Gesetz», sagte die schöne junge Norwegerin zu mir, die mich am Flughafen von Oslo abholte. «Aber ich beuge mich der Meinung der Mehrheit.»

Ich war zu einem Universitätskongress nach Norwegen gekommen, auf dem das Schicksal des Humanismus im 21. Jahrhundert diskutiert wurde. Meine Positionen zeichneten sich durch gedankliches Durcheinander aus. Ich rauche, aber im Prinzip bin ich gegen das Rauchen. Ich verstehe, welche weitreichenden Schäden das Rauchen anrichtet, aber mir ist nicht ganz verständlich, warum in den Geschäften Zigaretten verkauft werden (in Norwegen kostet ein Päckchen umgerechnet sage und schreibe acht Dollar), wo doch auf jedem Päckchen in schrecklichen schwarzen Lettern geschrieben steht: «Tabak tötet» oder «Rauchen macht impotent». Ich bin für die Demokratie, doch da ich weiß, welches Schicksal der Literatur und der Wissenschaft, beispielsweise der Astronomie im Europa der letzten Jahrhunderte beschieden war, bin ich vorsichtig, was die Meinung der Mehrheit betrifft, und versuche, mich ihr so wenig wie möglich unterzuordnen. Offenbar folgt Europa den Vereinigten Staaten von Amerika im Kampf für ein gesundes Leben, über dessen Sinn denn auch die demokratische Mehrheit entscheidet, die Bush gewählt hat oder in Polen beispielsweise Abtreibungen verbietet. Natürlich hat jeder seine eigene Meinung zum Thema Abtreibung, aber mein alter Freund Adam Michnik, ehemaliger Dissident und heute Chefredakteur einer großen polnischen Zeitung, erzählte mir in Norwegen, dass die Deutschen für ihre polnischen Freunde ein riesiges «Abtreibungszentrum» direkt an der Grenze in Frankfurt an der Oder bauen.

Michnik lud zu Ehren einiger Kongressgäste in ein Fischrestaurant am Ufer des Oslo-Fjords ein. Zum Rauchen rannten wir beide immer wieder raus an die frische Luft, die eine nordische Verbindung von Regen und starkem Wind darstellte. Die Zigaretten wurden entweder nass oder sie brannten wie Zunder. Wir fühlten uns veräppelt. Dafür war das Essen erstaunlich gut. Übrigens ging es nicht ohne einen humanistischen Anfall ab. An unserem Tisch saßen hauptsächlich Amerikaner und Norweger, gelehrte und vernünftige Leute. Alle bestellten Fischfilet, nur ich orderte einen prächtigen Hummer. Die kleine schwarzhaarige Kellnerin, offenbar eine Türkin, kam an den Tisch und zeigte mir das Meerungeheuer, das noch die Scheren bewegte, wenn auch gar nicht mehr mutig. Ich war schon im Begriff, mein künftiges Abendessen für gut zu befinden, da giftelte die neben mir sitzende Amerikanerin, mit meinem Nicken hätte ich den Hummer zum Tode verurteilt. Ich hätte sie natürlich an die Folter erinnern können, die sich amerikanische Soldaten im Irak haben zuschulden kommen lassen, aber letztlich kam ich zu dem humanen Schluss, dass sie damit nicht direkt etwas zu tun hatte. Ich indessen hatte direkt mit der Hinrichtung des Hummers zu tun. Der ganze Tisch sah mich an, denn einen Streit mit Russen finden immer alle interessant. Ich hatte bereits meinen Vortrag über den Humanismus in Russland halten können, der mehrmals von gesundem Gelächter unterbrochen worden war. Besonders lachte die gelehrte Gesellschaft, als ich auf die Frage, ob ich Putin für einen Humanisten hielte, ohne mit der Wimper zu zucken, erwiderte:

«Ja.»

Aber nun war meine Aufgabe schwieriger. Unter aller Augen hatte ich dem Hummer den Tod gewünscht. Allerdings waren ein Ungar, ein Rumäne und der Pole Michnik eher auf meiner Seite. Und das nicht nur in Sachen Hummer. Überhaupt entwickeln sich die Dinge in Europa einigermaßen seltsam. Auf dem Kongress wurden phantastische Vorträge von westlichen Geisteswissenschaftlern gehalten, die zum Beispiel meinten, dass Gott und Humanismus unvereinbar seien, was mich an die lichte Gestalt

Tschernyschewskis denken ließ. Es gab allerdings auch einen Iren mit langen grauen Haaren, einen Anhänger irgendeiner universalen Kirche, der nachdrücklich erklärte, dass wir alle lernen müssten, das «neue Lied» zu singen, doch meiner Meinung nach hatte er dessen Inhalt noch nicht erfunden, wiederholte nur immer «God bless you!» und, an mich gewandt, sagte er «God bless Russia!». Wie dem auch sei, Osteuropa, das es nicht geschafft hat, die Russen loszuwerden und sich in Mitteleuropa umzubenennen, hat nun zielstrebig damit begonnen, Gemeinsamkeiten mit den Russen zu finden. Erstens rauchten sie alle oder konsumierten zumindest viel Bier und andere alkoholische Getränke. Zweitens besaßen sie gesunden Menschenverstand und konnten Humanismus und die Programme linker Parteien auseinander halten. Der Rumäne erwies sich überhaupt als einer von uns: Er hatte einen Bauch, war lustig und ungepflegt. Das Einzige, worin er einem Russen wenig ähnelte, war, dass er Französisch parlierte. Am Tisch saßen noch zwei Norweger. Der eine stellte sich als Kosmopolit vor, der andere als Nationalist. Unterschiede in ihren Anschauungen konnte ich keine entdecken, außerdem verbrüderten sie sich durch suspektes gegenseitiges Anfassen an verschiedenen Stellen. Und überhaupt, wenn man sich in einem fremden Land befindet, sieht man den Unterschied zwischen politischen Positionen nur nebulös wie in einem trüben Spiegel. Ich weiß nicht, welcher Schluss daraus zu ziehen ist. Mag sein, dass die Politik, aus der Entfernung betrachtet, stirbt oder auch an Bedeutung verliert, wenn es sich um ein normales Land handelt. Übrigens erwies sich der norwegische Nationalismus als reale Angelegenheit. Das Geschäft, in dem ich trotz allem besagte Zigaretten kaufen wollte, akzeptierte nur norwegische Kreditkarten, was mir absurd erschien. In einem Restaurant, wo ich zu Mittag aß, wurde ich von einer alten Frau mit dem verhärmten Gesicht einer Wikingermutter angeschrien, weil ich kein Norwegisch sprach, obwohl wir uns doch in Norwegen befänden. Ich lächelte sie dümmlich und lieb an, da ich zunächst nichts verstand. Als ich endlich kapierte, worum es ging, hatte sie bereits das Interesse an mir verloren, denn der Kellner hatte ihr einen Whisky gebracht.

Doch kehren wir zurück zu unserem Hummer. Vor vielen Jahren hatte ich im Restaurant des Moskauer Literaturhauses einen ähnlich gelagerten Streit mit der Petruschewskaja. Sie bekam einen gebratenen Fisch, in Gänze und mit Augen, und sie sagte, dass er ihr leid tue. Ich bemerkte stirnrunzelnd, das sei «Fischhumanismus». Seitdem verstehen wir uns nicht mehr. Eine ähnliche Situation erwartete mich am Fjord. Allerdings wusste ich aus bitterer Erfahrung, dass man anders vorgehen musste. Während der Hummer voller Todesahnungen auf dem Tablett herumscharwenzelte, fragte ich die türkische Kellnerin:

«Was kostet er?»

Sie dachte nach, ohne zu verstehen, worauf ich eigentlich hinaus wollte. Da in Europa die Leute gut mit Geld umgehen können, glaubte sie, dass sie einen zu großen Hummer gebracht habe und schlug mir vor, ihn gegen einen kleineren zu tauschen. Der Geiz des Europäers hat mich schon immer aufgeregt. In Polen waren die Leute bereit, sich für die Solidarność auf dem Scheiterhaufen verbrennen zu lassen, versuchte man aber, eine Zigarette bei ihnen zu schnorren, machten sie ein ärgerliches Gesicht. Am selben Tag, bevor wir uns abends alle im Restaurant wiedertrafen, hatte unser ganzes humanistisches Kollektiv eine Bootsfahrt unternommen, und eine Journalistin der Lokalpresse, die unseren Kongress beleuchtete, hatte sich uns angeschlossen. Nun lehnte die Universität es ab, für sie das Ticket zu bezahlen, das etwa vier Dollar kostete, weshalb sie einen Skandal vom Zaun brach, woraufhin man sie aus Prinzip nicht zum Abendessen einlud. Um diese Schuld vor ihr ein wenig zu mildern, lud ich sie in ein Café ein, wir saßen nett zusammen, aber als sie ging, erbat sie von mir Geld für ein Taxi, da ich sie ja ins Café eingeladen hatte. Ich machte große Augen, aber so, dass sie es nicht merkte, und dann gab ich ihr Geld für das Taxi, inklusive eines großzügigen Trinkgelds für den Fahrer. Mit Großzügigkeit muss man in Europa vorsichtig sein. Großzügigkeit ist das Merkmal des Banditen. In Innsbruck erzählte man mir, dass die Russen denjenigen, die ihnen alpines Skilaufen beibringen, enorme Trinkgelder zustecken. Sie glauben, fügten die Österreicher hinzu, dass sie auf diese Weise schneller das Skilaufen lernen. Aber egal, was auch immer man von Ihnen denkt, bringen Sie, wenn Sie in Europa sind, getrost alle mit Ihrer Großzügigkeit zum Staunen. Geben Sie Taxifahrern und Kellnern fette Trinkgelder. Es besteht die Chance, dass Europa dann beginnt, Russisch zu sprechen.

Ich zog einen Geldschein heraus und legte ihn auf das Tablett mit dem Hummer.

«Reicht das?», fragte ich.

«Ja.»

«Dann nehmen Sie ihn wieder mit, und werfen Sie ihn zurück ins Meer.»

Was jedoch den ungewöhnlichen Faschismus betrifft, so ist das eine ganz andere Geschichte. Wir als Humanisten besichtigten die Sehenswürdigkeiten von Oslo. Unter uns war noch jene Journalistin, die später aus Knauserigkeit nichts zu essen bekam. Man karrte uns zu einem Skulpturenpark. Ein unglaublicher Anblick. Der norwegische Bildhauer Gustav Vigeland hat den Raum des Parks mit den großen Körpern von gesunden und starken Menschen angefüllt. Da gibt es Freundschaft und Erotik, aber vorherrschend sind Themen wie Vaterschaft als großartiges Beschützertum des Starken gegenüber dem Schwachen. Auch gibt es da nackte alte Frauen aus Granit mit ehrlicher Hängebrust. Als die Deutschen in Norwegen einmarschierten, halfen sie dem Bildhauer finanziell, seine Komposition aus über zweihundert Arbeiten zu vollenden. Vigeland, der 1943 starb, ist ein herausragender Künstler. Er sah die Zukunft ohne Tabak und andere schädliche Angewohnheiten.

«Und?», fragten mich die Norweger.

«Ein ungewöhnlicher Faschismus», gestand ich.

Es ist sehr schlecht, dass man Vigeland bei uns überhaupt nicht kennt.

Russland

Das russische Wodkameer

Am Anfang war das Wort. Und das Wort war bei Gott. Und das Wort war – Wodka. Der Wodka gibt und der Wodka nimmt in dem riesigen geschlossenen Raum Russland. Allein mit der Steuer, die Smirnoff für die Lizenz zur Wodkaherstellung an den Staat zahlte, wurde Anfang des 20. Jahrhunderts ein Drittel der russischen Armee finanziert. Auf der anderen Seite schlug der Wodka dieselbe Armee und hatte eine verheerendere Wirkung als Krieg. Während in Afghanistan laut Statistik in zehn Jahren 14 000 sowjetische Soldaten umkamen, sterben in Russland jährlich mehr als 30 000 Menschen an Alkoholvergiftung. Nirgendwo auf der Welt wird mehr Alkohol konsumiert (14,5 Liter reiner Alkohol im Jahr pro Kopf, wobei mehr als die Hälfte aller konsumierten alkoholischen Getränke Wodka ist). Der Wodka ist wie der Krieg gegen Hitler und die Stalinschen Repressionen beinahe über jede Familie hinweggerollt. Über meinen Großvater mütterlicherseits, der sich früh von Großmutter trennte, weiß ich zum Beispiel nur eines: Er war Alkoholiker. Doch über Alkoholismus wird in der Regel nicht gesprochen, als handle es sich um eine Geschlechtskrankheit.

Schon beim Wort «Wodka» beginnt der Russe sich unberechenbar zu benehmen. Wie wenn ein Loch ins Unterbewusstsein geschlagen würde, fängt da auf einmal alles an zu glucksen, zu sprudeln und zu zittern, an die Oberfläche kommen alle möglichen Varianten von Gestik und Mimik, Augen glänzen, Hände werden gerieben, der Eine zwinkert, der Andere kneift ein Auge zu, der Dritte grinst dümmlich. Eine eigene Sprachwelt.

«Was ist, zwitschern wir einen?»

«Auf ex?»

«Na dann runter damit!»

Der Vierte schnippt mit den Fingern, der Fünfte starrt finster und dumpf vor sich hin, aber niemand, egal welcher Gesellschaftsschicht er angehört, bleibt gleichgültig oder aus dem Spiel ausgeschlossen. In Russland sind wir alle sehr viel mehr Geiseln des Wodkas als irgendeines politischen Systems. Kurzum, der Wodka ist ein russischer Gott.

Eines Abends, es war Anfang der siebziger Jahre, kehrte Andrej Andrejewitsch Gromyko, damals Außenminister der UdSSR, von seiner Regierungsdatscha in Sawidowo nach Moskau zurück. Chauffiert wurde er an diesem Tag von Leonid Iljitsch Breschnew. Da sich die beiden führenden Politiker der Sowjetunion allein im Wagen des Generalsekretärs befanden, erlaubte sich Gromyko, einen wunden Punkt anzusprechen:

«Leonid Iljitsch», sagte er «wir müssen irgendetwas mit dem Wodka machen. Das Volk trinkt sich zu Tode.»

Breschnew reagierte nicht. Gromyko bedauerte schon, dass er dieses Thema berührt hatte, als Breschnew plötzlich, nachdem bereits fünf Minuten vergangen waren, antwortete, als ob er gerade zu sich gekommen sei:

«Andrej, die Russen können einfach nicht ohne.»

Diese historische Episode wurde mir von Michail Sergejewitsch Gorbatschow weiter erzählt, als ich ihm speziell zu diesem Thema einen Besuch abstattete.

«Warum kommen Sie *zu mir*, um über Wodka zu sprechen?» fragte Gorbatschow, ohne seine Verwunderung zu verbergen.

«Sie sind sein Hauptfeind.»

Wir unterhielten uns lange in seinem ruhigen, auf englische Art schummrigen Arbeitszimmer im Gorbatschow-Fonds am Leningradski Prospekt, und von einem großen Ölgemälde schaute seine verstorbene Frau Raissa Maximowna auf uns herab. Gorbatschow hat sich bekanntlich geweigert, an die Weisheit in Breschnews Worten zu glauben und war der einzige russische Regierungschef in der gesamten Geschichte des Wodkas, der ihm den Krieg bis zur Vernichtung erklärte.

«Die Statistik war erschreckend», sagte er zu mir. «Arbeitsunfälle, Sinken der Arbeitsproduktivität, verkürzte Lebenserwartung, Unfälle im Straßenverkehr. 1972 wurde das Problem im Politbüro diskutiert und – aufgeschoben. Es war unmöglich zu lösen, denn der Staatshaushalt selbst war ‹betrunken›; er hing direkt vom Wodkaverkauf ab. Stalin hatte ihn vorübergehend dahin gebracht, aber es gibt ja nichts Ewigeres als eine vorübergehende Entscheidung. Unter Breschnew wurden aus 100 Milliarden Rubeln, dem ‹betrunkenen› Teil des Staatshaushalts, 170 Milliarden – so einen Profit brachte der Wodka dem Staat ein.»

Gorbatschow machte eine Pause und fuhr fort:

«Zu meiner Zeit habe ich eine ungeheure Trunksucht in der Partei erlebt. Breschnew hat getrunken, besonders am Anfang. Und Jelzin wurde gar von Frauen verehrt, weil er trank, nach dem Motto ‹Er ist einer von uns!› Die Frauen fanden, er sei ein toller Kerl. Aber im Westen war er gefürchtet; immerhin hatte er die Gewalt über das Atomköfferchen.»

Schon einen Monat, nachdem Gorbatschow Generalsekretär des ZK der KPdSU geworden war, im Mai 1985, unterschrieb er bekanntlich den Erlass «Über Maßnahmen zur Überwindung von Trunksucht und Alkoholismus». Gorbatschow begann seinen Antiwodkafeldzug damit, dass er in 200 Betrieben des Landes Umfragen durchführen ließ, um zu erfahren, ob «das Volk» ihn unterstützte. «Das Volk» wollte kein Alkoholverbot, war aber brav für eine Einschränkung des Alkoholkonsums. Konkret nahm die Kampagne die für die kommunistische Bürokratie typischen absurden Formen an.

Wie ein Ritter ohne Furcht und Tadel zerschmetterte Gorbatschow Wodkafabriken, ließ Spirituosengeschäfte schließen, erfand spezielle Marken, auf die man Wodka für Hochzeiten und Beerdigungen bekommen konnte, untersagte den Ausschank von alkoholischen Getränken auf Empfängen in den Auslandsbotschaften und ließ schließlich mit Bulldozern Weinberge auf der Krim, in Georgien, Moldawien, Stawropol und im Kuban platt machen – unter dem Geheul, Gestöhn und Gelächter des trinkenden Volkes, das Gorbatschow den Spitznamen «Mineralsekretär» verpasste. Obwohl laut Gorbatschow die Kampagne immerhin dazu führte, dass die «Frauen endlich mal wieder ihre Männer zu sehen bekamen» – die Geburtenrate stieg an, und die Menschen lebten länger. Andererseits kauften die Leute wie verrückt Zucker für die heimische Schnapsproduktion, was zu einem großen Zuckermangel führte, außerdem fingen sie an, sich mit allem möglichen Mistzeug zu vergiften, bis hin zu Bremsflüssigkeit. Ich erinnere mich an ein Schild, das mir in jener Zeit in einem Dorfladen an der nördlichen Wolga, nicht weit von Kostroma ins Auge fiel: «Verkauf von Eau de Cologne ab 14 Uhr.» In Kostroma servierten die Kellner in den Restaurants heimlich Cognac in Teetassen.

Möglicherweise war für Gorbatschow, der aus Stawropol stammt, einem der wenigen russischen Landstriche, wo man mehr Wein als Wodka trinkt, der Wodka kein psychologisches Problem, und er unterschätzte leichtsinnig dessen Einfluss. Aber in einem Land, wo in den achtziger Jahren der Wodka faktisch zur zweiten Währung geworden war (Traktoristen, Klempner usw. arbeiteten für eine Halbliterflasche), wo 70 Prozent der Morde unter Alkoholeinfluss verübt wurden, war der Wodka stärker als alle Machtstrukturen, die Gorbatschow zur Verfügung standen. Als er die Statistik der Vergiftungen zu Gesicht bekam, gab er auf.

«Vielleicht», fügte er mit der gekränkten Miene von einem, der es nicht zum «Zaren» gebracht hat, hinzu («Dabei hätte ich Zar sein können», sagte er mit funkelnden Augen, «wenn ich nicht mit der Perestroika angefangen hätte»), «gab es Entstellungen der Fakten, um mich zu diskreditieren.»

Aber gleich darauf erzählte er mir einen Witz über sich selbst: «Steht eine lange Schlange vor einem Wodkageschäft, ein Mann hält es nicht länger aus und schreit: ‹Ich geh jetzt in den Kreml, diesen Gorbatschow bringe ich um›. Eine Stunde später kommt er zurück. Die Schlange steht immer noch da, die Leute fragen ihn: ‹Na und, hast du ihn umgebracht?› ‹Schön wär's, aber die Schlange da mit Leuten wie mir war noch länger als die hier.›»

Die Entdeckung des Wodkas ist beinahe in ein mystisches Geheimnis gehüllt, und daran ist überhaupt nichts Verwunderliches. Wodka ist etwas Sakrales, und also hat er für das russische Bewusstsein keine Geschichte; eine ewige Substanz, ist er nicht historisch zu dechiffrieren. Ein Anlass für die Erforschung seiner Geschichte war ein Wirtschaftsskandal, der sich 1977 ereignete: Der sowjetische Wodka sollte auf den amerikanischen Markt gebracht werden, aber er wurde für nicht authentisch befunden. Die Russen waren gezwungen zu beweisen, dass es sich bei echtem russischen Wodka tatsächlich um Wodka aus Russland handelt. Einen noch härteren Schlag versetzten uns die Polen im darauf folgenden Jahr, die, obwohl noch treue Mitglieder des Warschauer Pakts, erklärten, dass

Wodka ein urpolnisches Getränk sei und die Russen nicht das Recht hätten, das Label «Wodka» zu benutzen. Die aufgeschreckten Sowjetbeamten beeilten sich, jemanden zu finden, der die Geschichte des Wodkas rekonstruierte; derjenige welcher war der Journalist William Pochlebkin, der im Auftrag der höchsten Parteietagen ein durchaus überzeugendes und das bisher einzige Traktat über die Geschichte des Wodkas verfasste, worin er nachwies, dass die Polen erst einige Jahrzehnte später als die Russen Wodka zu produzieren begannen. Pochlebkin wurde im Jahre 2000 in seiner Wohnung in Podolsk bei Moskau ermordet, und in Moskau gehen bis heute wüste Gerüchte um, das sei die Rache der Polen gewesen.

Einige Historiker vergleichen die nationale Abhängigkeit vom Wodka mit dem tatarisch-mongolischen Joch, und in dieser Analogie liegt eine historische Ironie. Will man der Legende Glauben schenken, dann wurde der Wodka erstmals von Mönchen im Moskauer Kreml an der Stelle des heute nicht mehr existierenden Tschudow-Klosters Ende des fünfzehnten Jahrhunderts hergestellt, ungefähr zu dem Zeitpunkt, als sich die Russen endlich von der Mongolenherrschaft befreit hatten. Zuerst benutzten die Mönche importierten Alkohol, der aus Genua über den Hafen von Feodossija auf der Krim ins Land kam. Später war es üblich, Wodka aus einheimischem Getreide und weichem Quellwasser herzustellen. Alles ist geradezu unheimlich symbolisch: Die Beteiligung der Diener Gottes an der Erschaffung des Wodkas, der Name des nicht erhaltenen Klosters («tschudo» – das Wunder), das Siegel der russischen Hauptstadt. Offenbar sind viele Dokumente, die mit der Geburt des Wodkas zu tun haben, Mitte des sechzehnten Jahrhunderts von der orthodoxen Kirche vernichtet worden, die ihrerseits später den Wodka zu Teufelswerk erklärte. Die Geistlichen selbst übrigens haben den Wodka immer geschätzt.

In der Mischung aus Alkohol und Wasser liegt ein versteckter Hinweis auf die Kultur des Mittelmeers und insbesondere der alten Griechen, die Wein mit Wasser mischten. Doch die Wodkamixtur wurde zunächst wohl eher als Desinfektionsmittel für die Wundversorgung benutzt. Der Wodka entglitt indes rasch den ärztlichen Händen und verwandelte sich in «Feuerwasser», von dem erstmals die Schweden im Jahre 1505 aus Moskau berichteten. Das «Feuerwasser» setzte innerhalb weniger Jahrzehnte Russland in Brand. Das Getränk wurde dermaßen populär, dass der russische Staat schon 1533 die Wodkaproduktion an die Schankwirte verpachtete, die «Zelowalniki» («zelowatj» – küssen) genannt wurden, weil sie bei ihrem Versprechen, den Wodkahandel ehrlich zu betreiben, das Kreuz küssten. Sie ließen sich jedoch alsbald korrumpieren und verkauften Wodka von schlechter Qualität. Möglicherweise hat gerade der illegale Wodkahandel die Korruption in Russland insgesamt stimuliert. Außerdem war die russische Wirtschaft aus dem Konzept gebracht: Wozu noch etwas produzieren, wenn das Volk bereit ist, für Wodka sein letztes Geld herzugeben? Das Trinken galt ursprünglich, noch in der Kiewer Rus, wo man hauptsächlich Honigmet trank, als «Frohsinn der Reußen», aber der Wodka hat diesen Frohsinn in alltägliche Norm verwandelt.

Das Glück hielt nicht lange an. 1648 brach in Moskau und dann auch in anderen Städten ein Aufstand der Schankwirte aus. Die Lage war katastrophal. Ein Drittel der männlichen Bevölkerung stand bei den Schankwirten in der Kreide, und die trinkenden Bauern bestellten die Felder schon seit einigen Jahren nicht mehr. Um die Situation zu retten, monopolisierte der Staat den Wodkaverkauf, aber die Einnahmen aus seiner Produktion verringerten sich. Genau in dem Moment erhielt der Wodka einen langen historischen Schatten – den Selbstgebrannten. Das Volk lernte, zuhause ein Getränk zu brennen, das dem Wodka ähnlich war, und ungeachtet aller Verbote tut es das bis heute. Beim Alkoholkonsum auf dem Dorf kommen auf eine Flasche Wodka viereinhalb Flaschen Selbstgebrannter. Der Staat hat bis heute sechs Mal das Monopol abgeschafft (das letzte Mal war es Jelzin im Jahre 1992) und es wieder eingeführt (ein Jahr später, 1993, monopolisierte Jelzin den Wodkamarkt erneut, da die aktive Kriminalisierung der Wodkabranche zu Besorgnis Anlass gab), aber dieses Hin und Her führte zu nichts als einer Weiterentwicklung der Trunksucht.

«Leid ist es mir um das russische Volk, das sich durch Trinken zugrunde richtet!», sagte Zar Alexander der Dritte zu seinem Finanzminister, Graf Sergej Witte. 1894 unternahm Witte einen groß angelegten Versuch, den Wodka durch staatliche Monopolisierung zu zähmen und außerdem die Qualität zu verbessern. Man zog bei dieser Aufgabe den Gott der russischen Chemie hinzu, Dmitri Mendelejew. Vor Mendelejew wurde der Wodka einfach hergestellt, indem man Alkohol und Wasser im Verhältnis 1:1 mischte. Der Herstellungsprozess verlangt allerdings eine spezielle Bearbeitung des Wassers durch Hinzufügen einer Reihe von minimalen Zusätzen zwecks Geschmacksverfeinerung (dem Stolitschnaja wird etwas Zucker hinzugefügt). Die Mischung aus Wasser und Alkohol selbst wird mit Aktivkohle bearbeitet und zweimal gefiltert. Der aufmerksame Mendelejew bemerkte, dass Alkohol die Eigenschaft besitzt, bei der Verbindung mit Wasser eine rätselhafte Verdichtung der ganzen Mischung zu bewirken (500 Gramm Wasser und 500 Gramm Alkohol ergeben 941 Gramm Wodka). Um einen geschmacklich guten und gesunden 40-prozentigen Wodka zu erhalten, wie ihn Mendelejew aufgrund von Versuchen definiert hat (bei mehr bzw. weniger als 40 Prozent verschlechtert sich die physiologische Wirkung auf den Organismus drastisch), muss man Alkohol und Wasser nicht in Litern abmessen, sondern in Gramm. Der russische Physiologe Nikolai Wolowitsch hat die Größe der Wodkadosis definiert, die das Herz und die Reinigung des Bluts aufs Gesündeste stimuliert: 50 Gramm am Tag. Überall im Land bildeten sich Vereinigungen gegen die Trunksucht. Aber dann begann der Erste Weltkrieg, das ganze Land wurde notgedrungen nüchtern und man hielt sich an das Alkoholverbot.

Offiziell blieb das Alkoholverbot während der Revolution von 1917 und auch im Bürgerkrieg bestehen, obwohl die Roten wie die Weißen die Wodkalager plünderten und gewissenlos tranken. Allerdings tranken die Roten weniger, wie Pochlebkin scharfsinnig vermutet, da bei ihnen die Lager besser bewacht wurden und Trunksucht mit dem Tod durch Erschießen bestraft wurde, und darum hätten sie auch den Sieg davongetragen. Das Alkoholverbot wurde durch den an Macht und Popularität gewinnenden Stalin 1923 aufgehoben; er erlaubte die Produktion von 30-prozentigem Wodka, den das Volk nach dem roten Ministerpräsidenten Rykow «Rykowka» («ryk» – Gebrüll) nannten. Im darauf folgenden Jahr, dem Todesjahr Lenins, der übrigens für einen Russen ein schwacher Trinker war, stiegen die Prozente sprunghaft auf die Mendelejewsche Norm an, und das Geld, das der Wodkaverkauf einbrachte, wurde in die sozialistische Industrialisierung investiert. Später jedoch begünstigte der stalinistische Terror einen maßvollen Wodkakonsum: Die Angst war stärker.

Als der Krieg gegen Hitler begann, erhielt jeder Soldat an der Front täglich vom Volkskommissariat seine 100 Gramm, eine Idee des Verteidigungsministeriums. Die Wodkahersteller sind überzeugt, dass der Wodka beim Sieg über den Nazismus eine ebenso große Rolle gespielt hat wie die Katjuscha, da er die Stimmung der Armee auf das nötige Niveau anhob. Der Suchtforscher Prof. Wladimir Nuschny, ein namhafter Theoretiker des Alkoholismus in Russland, vertritt allerdings eine andere Meinung. Ich unterhielt mich mit ihm in seinem Wissenschaftlichen Forschungsinstitut, das sich in einem heruntergekommenen Gebäude mit Sowjetflair in einer der Gassen des Arbat befindet (nach dem Gebäude zu urteilen, wird die Suchtforschung bei uns eher stiefmütterlich behandelt). Er erzählte mir, dass eben diese 100 Gramm das Unglück der Nachkriegsgeneration seien. Die Abhängigkeit vom Wodka sei gestiegen, was bereits in den sechziger Jahren in einem neuerlichen Höhepunkt des Wodkakonsums gipfelte.

Außerdem ließ Chruschtschow in Moskau und anderen Städten massenhaft Billighäuser mit Wohnungen für einzelne Familien bauen. Das Volk, das in den Kommunalwohnungen aus Angst vor Denunziation keinen Selbstgebrannten hergestellt hatte, verwandelte nun seine Küchen in Labors zur Produktion von Wodka Marke Eigenbau. Die trübe gelbliche Flüssigkeit stand überall auf den Fensterbänken zwischen Blumentöpfen voller Zigarettenkippen in großen, mit Pappdeckeln zugedeckten Einmachgläsern. Der Geruch war eindeutig. Das war Freiheit. Schreckliche Kopfschmerzen jeden Morgen.

Die Zerstörung des Wodkamonopols Anfang der neunziger Jahre führte die Wodkabranche ins Chaos, und die illegalen Wodkahersteller entwickelten sich im Grunde zu jenen «neuen Russen», die den wilden russischen Kapitalismus in Gang setzten. Der Wodka zeigte erneut, wer jener russische Gott ist, den die slawophilen Philosophen im neunzehnten Jahrhundert so beharrlich gesucht hatten.

Mendelejew hat nicht nur das Eichmaß des russischen Wodkas erschaffen, sondern auch darauf bestanden, dass der Wodka Wodka hieß. Bis 1906 indes kam das Wort «Wodka» als Bezeichnung in offiziellen Dokumenten nicht vor; dort wurde über Jahrhunderte der Wodka (mit

Ausnahme des Apothekerprodukts) als «Brotwein» bezeichnet. Bis heute wird der Wodka hinsichtlich der Anzahl seiner euphemistischen Synonyme höchstens noch vom männlichen Geschlechtsteil übertroffen. Der Wodka hatte die verschiedensten Spitznamen: von «Feuerwein», «Monopolka», «Bitterer» und «Weißer» bis zu den sowjetischen Klassikern «Halber», «Viertel» (alias «Töchterlein»), oder auch «Büchse», «Blase», «Kurbelwelle» usw. bis ins Unendliche.

Etymologisch kommt «Wodka» natürlich von «wodá» (Wasser), dem das leicht verächtliche Diminutiv-«k» hinzugefügt ist, wodurch das Wort «heruntergestuft» wird. Wodka in der Bedeutung von Wasser ist bis heute in Dialekten und Volksliedern lebendig. Erst Ende des neunzehnten Jahrhunderts gelangte das Wort Wodka in der heutigen Bedeutung in die normativen Wörterbücher der russischen Sprache. In den oberen Schichten und im städtischen Kleinbürgertum jedoch galt das Wort Wodka als unanständig, «unkultiviert», beinahe als obszön. Wodka wurde vor allem von den unteren Bevölkerungsschichten getrunken (nicht zufällig hieß es: «betrunken wie ein Droschkenkutscher»). Sowohl die niedrige Qualität des Wodkas trug dazu bei (er stank nach Fusel), als auch die barbarische Art und Weise, wie er in den Kneipen konsumiert wurde. In Kneipen war es verboten, dazu etwas zu vespern. Das führte zu beispielloser Trunksucht. Ausländer schrieben in ihren Erinnerungen über Russland, es sei vorgekommen, dass sich die Russen in Kneipen unter aller Augen auf dem Fußboden gepaart hätten. In der Heiligen Rus war die Versündigung gegen das siebte Gebot gang und gäbe. Vielleicht einer der Gründe, warum der russische Sex so einen üblen und gemeinen Ruf hat. Das Restaurant ersetzte später die Kneipe und übernahm die alten Kneipentraditionen mit ihren unbekümmerten Tänzen und ausschweifenden Grobheiten.

Bis zum Ende des neunzehnten Jahrhunderts wurde Wodka nicht in Flaschen abgefüllt, sondern in Eimern gemessen (sie waren nicht aus Metall, sondern aus Glas; große, schöne Gefäße mit breiten Hälsen): In Russland herrschte für den Wodka ein chronischer Mangel an Behältnissen.

Das Geheimnis mit Namen Wodka besteht in seiner Wirkung auf die Volksmassen, in jener Mischung von Bedürfnis und Scham, die eine der Erotik verwandte Elementarkraft besitzt. Der Alkoholiker macht den Wodka zu seiner Braut; er hat Angst, alle seine Gefühle zu offenbaren und ist gleichzeitig nicht imstande, sie zurückzuhalten. «Wodka» ist ein sehr starkes russisches Wort. Die Russen werden verlegen, wenn sie dieses Wort hervorbringen. Mädchen aus der Provinz vermeiden bis heute, es auszusprechen. Die Erwähnung von Wodka lässt eine verschwörerische Atmosphäre entstehen, eine mystische Überspanntheit. Im russischen Bewusstsein entsteht ein archaisches Gären, heidnische Erstarrung, Furcht wie bei einer Begegnung mit einem Bären, Zauberei, Beschwörung. Um den Wodka-Gott entsteht ein schwaches Feld menschlichen Widerstands. Wodka ist eine gnadenlose, dreiste Angelegenheit. Er ist ein skandalöses Getränk.

In der Tat lassen sich für das Wodkatrinken, im Unterschied zu anderen alkoholischen Getränken keine vernünftigen Rechtfertigungen anführen. Der Franzose kann das Aroma seines Cognacs loben, der Schotte den Geschmack seines Whiskys preisen. Wodka schmeckt nach nichts. Er ist unsichtbar, farblos und idealerweise ohne jeden Geschmack. Dabei aber eine scharfe, aufreizende Mischung. Der Russe kippt Wodka auf einen Satz herunter, wobei er Grimassen schneidet und flucht, und dann muss er sofort etwas hinterher essen, an etwas riechen, ihn «polieren». Wichtig ist nicht der Prozess, sondern das Resultat. Man könnte, statt den Wodka zu trinken, ihn sich mit demselben Erfolg in die Venen spritzen.

Zugleich ist das auch wieder nicht so, was alle wissen, außer den fünf Prozent der erwachsenen Bevölkerung, die überhaupt nicht trinken. Der Wodka ist wie ein Lied. Ein Lied kann weiß Gott was für Worte und eine relativ simple Melodie haben, aber deren spezifische Verbindung (wie bei Alkohol und Wasser) kann das Lied zu einem Schlager machen. In der modernen, anständigen Gesellschaft gehören zum Wodka bestimmte Ess- und Verhaltensregeln, die bis zur Perfektion von russischen Gutsbesitzern ausgearbeitet wurden (wodurch der Wodka die soziale Leiter hinaufgeklettert ist), jenes Wodka-Reglement, das dem Russen in den Genen sitzt: mit all seinen Besonderheiten («nach dem ersten Glas wird nichts gegessen»), seinem Aberglauben, Sprüchen («Wodka und Bier, das rat' ich dir»), seinem Zeitplan (Trinker unterscheiden sich von Alkoholikern dadurch, dass sie erst ab fünf Uhr nachmittags trinken), den kleinen Dingen, die man dazu isst, wie geräucherten Fisch, Salzgurken, marinierte Pilze, Sülze, Sauerkraut. Und nicht zuletzt mit seinen Trinksprüchen, die unumgänglich sind für gleichzeitiges Konsumieren des Getränks und Konzentration auf das gemeinsame Gespräch, also für das so wichtige Wir-Gefühl. Der Russe weiß, dass man, wenn man Wodka trinkt und Pelmeni dazu isst, zwar nicht gerade das Nirwana erreicht, aber immerhin höchsten Genuss.

Der Wodka ist also stärker als Orthodoxie, Autokratie und Kommunismus. Er befindet sich im Zentrum der russischen Geschichte. Der Wodka hat Willen und Gewissen eines bedeutenden Teils der Bevölkerung unter seiner Kontrolle. Wenn man die Zeit zusammenzählen würde, die die Russen dem Wodka gewidmet haben, wenn man alle diese wodkaseligen Ausbrüche der russischen Seele zusammennimmt, die sich ausdrücken in Handlungen, Phantasien, wahnsinnigen Träumen, wochenlangen Besäufnissen, Familienkatastrophen, Morden und Selbstmorden vor alkoholisiertem Hintergrund, Unglücksfällen (am eigenen Erbrochenen ersticken, betrunken erfrieren, aus dem Fenster stürzen – Lieblingsbeschäftigungen unserer Bevölkerung), Delirium tremens, Scham und Angst im Katerzustand, dann wird klar, dass unter dem Schutz der Geschichte des russischen Staates eine ganz andere, geheime Dimension der Geschichte existiert, deren Bedeutung bis heute nicht bestimmt wurde. Die Bedeutung der Wodka-Theologie ist noch nicht entschlüsselt. Wodka und russische Erotik, ich wiederhole, sind verflochten, verstrickt, verheddert und verwickelt: Wie viele russische Mädchen haben bei Wodka-Orgien den Kopf und die Unschuld verloren? Der Wodka ist Katalysator der Zeugung und seine Geißel. Er diktiert, wer geboren werden darf und wer sterben muss. Das volkstümliche Mitleid mit Betrunkenen, in anderen Ländern, einschließlich unserem Nachbarland Polen, undenkbar, ist nicht weniger stark als das Mitleid der alten Intelligenzia für die Gestrauchelten. Nicht umsonst steht ungeachtet aller Missgeschicke und Tragödien der russischen Trunksucht ein durch nichts zu erklärendes, beinahe allseits zu spürendes Entzücken und Jubel angesichts des Triumphs wodkaseliger Ausschweifungen im Vordergrund. Das fand auch seinen Niederschlag in den Berichten der staunenden ausländischen Reisenden, die, wie beispielsweise jener holländische Diplomat nach seinem Moskaubesuch im Jahre 1676, in der russischen Trunksucht «lediglich die Hässlichkeit des Trunkenbolds sahen, der vom Volk noch für seine Erfahrenheit im Trinken gelobt wird». Hässlichkeit ist zur Visitenkarte des Volkes geworden. Der Wodka hat die Russen zu Vieh gemacht. Während bei Rabelais die Völlerei sich in ein Symbol für die reife Renaissance verwandelt, ist die russische Trunksucht ein Moment der Wahrheit. Als besonders interessanter Zug dieser Wahrheit erweist sich gerade das Vergnügen an der eigenen Hässlichkeit, der Stolz auf die Trunksucht.

«Wir sind ein trinkendes Volk.»

Derselben Philosophie begegnen wir in einem allseits beliebten Samisdat-Bestseller der Breschnew-Zeit, Wenedikt Jerofejews *Reise nach Petuschki* (1969), einer Wodka-Provokation für die Sowjetmacht, einer offenen Apologie der «betrunkenen» Metaphysik: «Alle wertvollen Menschen Russlands, alle für Russland wichtigen Menschen», wird höhnisch darin behauptet, «alle haben getrunken wie die Schweine».

Das Wodkatrinken erträgt keine Einsamkeit. Bekannt ist die Anekdote über John Steinbeck, der in Moskau nicht gleich kapierte, was denn die drei Finger bedeuten, die ihm zwei gutmütige Kerle zeigten. Und dann trank er doch mit ihnen «zu dritt» eine Flasche in irgendeinem Treppenhaus, und es heißt, er habe es nicht bereut. Wodka ist ein Beichtgetränk. Möglicherweise überschreitet jedoch die Bedeutung des russischen Wodkarituals nicht nur den Rahmen der Tischsitten, sondern überhaupt die Grenzen der menschlichen Kommunikation und stellt eine für den außenstehenden Blick seltsame Entblößung der Seele dar, die bis in die Höhen der Selbsterkenntnis aufsteigen, aber ebenso sich auf das Niveau der Pornographie begeben kann, deren Überprüfung auf «Läusebefall» und die Aufforderung, sie zu verändern. Der Wodka zieht menschliche Konventionen, positive Werte in Zweifel und ruft letzten Endes zu vollkommener Freiheit von der Geschichte auf, von persönlicher Verantwortung, Gesundheit und schließlich vom Leben selbst. Dieser Zustand freien Flugs, moralischer Schwerelosigkeit und metaphysischer Körperlosigkeit ist sowohl ein philosophischer Angriff auf den «vernünftigen» Westen als auch der stolze, urwüchsige Kern der russischen Wahrheit.

Gorbatschow glaubt, dass «der Wodka dem russischen Volk mehr Schaden als Nutzen gebracht hat». Der Schriftsteller Jewgeni Popow, der aus dem stark trinkenden Sibirien stammt und selbst dem Wodka nicht abgeneigt ist, vertritt eine andere Meinung. In der Bar des Moskauer Literaturhauses sagte er neulich zu mir, dass der Wodka dem Volk geholfen habe, mit dem Stress des elenden Lebens in einem von Vollkommenheit weit entfernten Staat fertig zu werden. Der Wodka sei ein Weg ins Privatleben, zu dem der Staat keinen Zutritt habe, wo man sich entspannen könne, Unannehmlichkeiten vergessen, Sex haben könne. Übrigens gab er zu, dass «die Russen beim Wodkakonsum kein Maß kennen und gewöhnlich, wenn sie sich betrinken, aggressiv werden». Wodkabeichten enden tatsächlich bisweilen mit zerschlagenem Geschirr oder einer geprügelten Ehefrau. Der Wodka stimuliert Aggressionen, Raserei, Wut, Wolfsgeheul und morgendlichen Gedächtnisverlust.

Nirgendwo sonst sind Literatur und Trinken eine so intensive Beziehung eingegangen wie in Russland. Der Revolutionär Nikolai Nekrassow, der Emigrant Alexander Kuprin, der wichtigste stalinistische Schriftsteller Alexander Fadejew, der Nobelpreisträger Michail Scholochow und der wohl beste russische Schriftsteller des 20. Jahrhunderts, Andrej Platonow, gar nicht zu reden von Sergej Dowlatow und der ganzen trinkenden Plejade unserer Schriftsteller der berühmten «Sechziger»-Generation – jeder von ihnen hatte seinen Roman mit Flasche. Popow glaubt nicht, dass die russischen Schriftsteller oft betrunken geschrieben hätten, «sich aber unter Wodkaeinfluss, besonders mit einem schweren Kater, sehr gut literarische Sujets ausdenken ließen».

Auf Kritik am Wodka reagiert das trinkende Volk nicht weniger böse wie Orthodoxe auf antireligiöse Propaganda. Es existiert die Meinung, dass der russische Patriot den Wodka unter keinen Umständen verraten würde. Die Philosophie des Wodkas besitzt aber auch eine dunkle Gewaltecke. Der Gastgeber zwingt den Gast zu trinken, um die soziale Distanz zu verringern, um ihn zu erniedrigen, zu verspotten oder auch aus eigennützigen Motiven (siehe Dostojewskis Erzählung *Eine hässliche Geschichte*). Russische Despoten mit sadistischer Ader wie Peter der Erste oder Stalin zwangen ihre Gäste, im Übermaß zu trinken und hatten daran ihren Spaß. Der Wodka besitzt die Fähigkeit, nicht nur Mut zu produzieren, sondern auch das quälende Gefühl von Reue, Selbsterniedrigung, was ebenfalls zum ambivalenten Bild des russischen Charakters passt. So erklärt sich auch die wichtigste Frage, die der russische Alkoholiker seinem Saufbruder stellt: «Nimmst du mich ernst?» Der russische Trinker trägt in sich zweifellos eine Polarität von nüchternen und trunkenen Ausbrüchen. Ein solches Volk zu regieren ist nicht leicht.

Ich wollte der größten Moskauer Wodkafabrik, die den Qualitätswodka «Kristall» herstellt, einen Besuch abstatten. Doch dort hineinzugelangen, war schwieriger als sich mit Gorbatschow zu treffen. Die Fabrik ist eine unzugängliche Festung, und nur mit Unterstützung des staatlichen Fernsehens konnte ich schließlich ihre Hallen betreten.

Das finstere dunkelrote Ziegelgebäude an der Jausa wurde 1901 gebaut, in der Zeit der Witteschen Wodka-Monopolisierung (Dutzende von ähnlichen Fabriken wurden zu der Zeit in ganz Russland erbaut und gelten bis zum heutigen Tag als vorbildliche Wodka-Produktionsstätten). Während des Zweiten Weltkriegs wurde sie gezielt von der deutschen Luftwaffe bombardiert: Hier wurden Flaschen mit einem explosiven Gemisch hergestellt – der berühmte «Molotow-Cocktail». Die Fabrik wurde beschädigt, überstand jedoch den Angriff und lieferte sowohl «Molotow-Cocktails», als auch Wodka an die Front.

Ein Meer von Wodka! Heute produziert die Fabrik bis zu fünf Millionen Flaschen im Monat, und während ich mir ansah, wie der Wodka in Flaschen abgefüllt wurde, stellte ich mir Tausende von russischen Kehlen vor, die sie an einem Tag austrinken würden. Innerhalb der Fabrik herrscht eine kirchlich weihevolle Atmosphäre. Bei «Kristall» geht es steril zu. Es riecht beinahe gar nicht nach Alkohol; alle tragen weiße Kittel. Der Wodka wird mit einer italienisch-deutschen Spezialanlage produziert, die automatisch Alkohol und Wasser mischt (aus der Moskauer Wasserleitung, allerdings besonders gereinigt). Dann wird er in Flaschen abgefüllt, verschlossen, in Kisten verpackt. Die Anlage wird hauptsächlich von Frauen bedient. Wie meine Begleiterin sagte, eignen sich Frauen besser für monotone Arbeiten. Meine Begleiterin selbst, die Assistentin des Direktors, machte auf mich mit ihren unvorstellbar langen Beinen, in ihrem unvorstellbar kurzen Rock und mit ihren unvorstellbar roten Lippen, in einen engen weißen Kittel gezwängt, eher den Eindruck einer Wodka-Halluzination als eines realen Menschen. Ihr Boss, der melancholische Alexander Timofejew (inzwischen entlassen) sprach mit mir äußerst höflich und aalglatt. Das Einzige, was ich herausbekam, war das Geständnis, dass er selbst nicht trinke und von Wodka wenig verstehe. Er beeilte sich, mich mit einem Geschenk des Hauses loszuwerden, das sich hernach, soweit ich das beurteilen konnte, als ein sehr guter Wodka erwies.

Um Antworten zu erhalten, muss man sich ganz nach oben begeben. Die Bestätigung dieser Binsenweisheit fand ich im Gespräch mit dem «Wodkakönig», der zu dem Zeitpunkt, als ich ihm begegnete, vierzig Prozent der russischen Wodkaproduktion kontrollierte. Unter seiner Leitung standen mehr als hundert Fabriken, die Wodka von höchster Qualität herstellten. Nur ein einziges Mal im Leben hat sich Sergej Wiktorowitsch Sewenko betrunken. Das war, als er nach dem Schulabschluss seinen Freund zum Militärdienst verabschiedete. Jetzt, mit seinen 34 Jahren, erinnert er sich an diese Episode mit einem Lachen und mit Widerwillen: «Eine ganze Woche lang konnte ich nicht zu mir kommen. Der Stress, den mein Organismus da durchgemacht hat, war nicht mehr lustig.»

Sewenko hatte kein leichtes Leben. Seine Konkurrenten beneideten ihn um das königliche Amt. Die «neuen Russen» beschrieben mir Sewenko als «vorübergehenden Mann». Für seinen Kopf waren sie bereit, wie er selbst sagte, sechs Millionen Dollar zu bezahlen. Sogar im Gebäude von «Rosspirtprom» ging er nur mit zwei Leibwächtern über die Korridore, und durch die Stadt fuhr er in Begleitung von sechs Maschinenpistolenschützen. Nur im Ausland erlaubte er sich eine gewisse Entspannung. Private Unternehmen zur Wodkaherstellung (das Wodkamonopol existiert auf dem Papier) waren bereit, ihm zwei Millionen Dollar pro Jahr zu bezahlen, damit er ihre Produktion organisierte. Doch er blieb dem Staatsdienst treu.

Ich traf Sergej Wiktorowitsch in seinem geräumigen Arbeitszimmer, dessen Fenster auf die Moskwa hinausgehen. Ein hagerer sportlicher Mann in schwarzem Pullover und enger schwarzer Hose. Er ähnelte weder einem Bürokraten der Sowjetzeit noch einem Politiker der Putin-Epoche. Wie Gorbatschow aus Stawropol stammend, sagte Sergej Wiktorowitsch mit südrussischem Akzent, er sei nie ein Sowjetmensch gewesen: «Ich bin nie gern in Reih und Glied marschiert.» Obwohl er formal Mitglied des Komsomol war. Ausgebildeter Jurist, definierte er sich als Manager.

Als Hauptproblem des heutigen Russland bezeichnete Sewenko die Personalfrage: Achtzig Prozent der russischen Beamten seien «verfault». Eine Hoffnung sah er in den jungen Leuten neuen Zuschnitts, die fähig seien, Russland zu «einem gleichberechtigten Mitglied der zivilisierten Welt» zu machen. Unser Gespräch drehte sich darum, dass Russland in 500 Jahren nicht gelernt habe, wie man Wodka trinkt. Die Idee, sich den Wodka zunutze zu machen, zu erreichen, dass er für den Staat arbeitet und zugleich zur Schaffung einer gesunden Nation beiträgt, das ist eine paradoxe Idee, und obwohl Sergej Wiktorowitsch bereit war, dafür zu kämpfen, war er sich doch dessen bewusst, dass man seine Arbeit nicht gebührend würdigen werde.

Der Wodkamarkt sei eine «heikle Sache», er sei praktisch das gleiche wie der Drogenmarkt. «Übrigens, ohne das Drogenproblem in Russland herunterspielen zu wollen, die Russen werden weiter an der Flasche und nicht an der Nadel hängen», sagte der Wodkakönig und fügte hinzu: «Von Heroin wird dir nicht warm.» Sewenko kam denjenigen in die Quere, die dagegen waren, dass auf dem Markt Ordnung geschaffen wird. Er glaubte zwar nicht an ein reales Monopol der Wodkaproduktion, doch er tat alles, um billigen Wodka geringer Qualität vom Markt zu verdrängen. Ich verließ sein Arbeitszimmer mit dem Gefühl, dass in Russland neue Menschen geboren werden. Aber in der Welt des Wodkas geht es turbulent zu. Die Prognosen der «neuen Russen» haben sich erfüllt: Bald nach unserem Treffen wurde auch Sewenko entlassen, und er verschwand von der Bildfläche. Doch wie seltsam es klingen mag, das 500-jährige Wodkajubiläum kann sich als jene Grenze erweisen, nach deren Überschreitung unser langer Abschied vom Wodka beginnen könnte.

Der Suchtforscher Wladimir Nuschny kritisierte einerseits Gorbatschow für dessen «antiwissenschaftliche Kampagne» gegen den Alkohol, sagte aber andererseits zu mir, dass die Zukunft des Wodkas direkt vom Erfolg des russischen Kapitalismus abhänge: «Die neue Generation der Unternehmer trinkt keinen Wodka. Schon jetzt gehen die jungen Leute zu Bier über. Sie müssen nüchterne Entscheidungen treffen. In Privatunternehmen wird man wegen Trinkens ganz schnell entlassen. In den kommenden fünfzehn bis zwanzig Jahren kann es eine ernsthafte Wendung zum Besseren geben. Alles hängt von den Entwicklungen in der Wirtschaft ab.» Übrigens tendiert auch Gorbatschow zu einer solchen Schlussfolgerung. Für die Zukunft sieht er «den Akzent auf Bier und trockenen Weinen».

In Russland vollzieht sich eine Spaltung des Wodkas. Die Moskauer Elite wählt zwischen Importgetränken und gutem Wodka. Sie trinkt, aber betrinkt sich nicht. Allmählich wird es auch als schick gelten, gar nicht zu trinken. In dieser Hinsicht geht der Judosportler Putin dem ganzen Land mit gutem Beispiel voran. In anderen Städten beschränkt sich die Wahl auf qualitativ guten oder billigen Wodka. Auf dem Dorf hinkt man wie immer hinterher; hier ist der Wodka die zweite Währung. Man hat die Wahl zwischen Wodka *überhaupt* und Selbstgebranntem. Teuren Wodka zu trinken gilt auf dem Dorf als Verschwendung und wird als prätentiös empfunden.

Der Wodka gibt sich nicht so leicht geschlagen. Vielleicht geschieht aber auch ein Wunder: Der Wodka kann kultiviert, der russische Gott gezähmt oder vielleicht sogar in einen historischen Mythos übersetzt werden. Der Wodka schwankte in Russland immer zwischen Paradies und Hölle: Man denke nur an Gorkis Bücher über seine Jugendjahre an der Wolga. Getrunken wurde aus Freude und aus Kummer – vieles vermag die russische Seele.

Nach den Entstehungsdaten und Publikationsorten der in diesem Band versammelten Texte befragt, schickte der Autor dem Verlag eine Mail mit folgendem Wortlaut:

«Also ich kann nicht garantieren, dass mir noch alles einfällt, aber ich geb mein Bestes:

0. Einleitung – 2005 – noch nie irgendwo erschienen; speziell für **mare** geschrieben
1. Alaska – 2000 – erschienen in Russland und in Teilen in Deutschland vom Radio gesendet – *DeutschlandRadio*
2. St. Petersburg – 2002 – erschienen auf Deutsch, Englisch und Russisch im Fotoalbum *Petersburg in Leipzig* (Beate weiß da Bescheid)
3. Südafrika – 1998 – erschienen in Russland im russischen *Geo,* in Deutschland noch nirgends
4. Elsass – 2002 – erschienen in Moskau in der Zeitschrift *Ogonyok*, in Deutschland noch nirgends
5. Japan – 2002 – erschienen in Russland in meinem Buch *Luxus* (2002)
6. Shanghai – 2003 – selbes Buch
7. Paris – 2003 – selbes Buch
8. Serbien – 2002 in *Ogonyok* und im selben Buch, in Serbien kürzlich auch in einer Zeitschrift (ein Riesenskandal – die Serben waren tödlich beleidigt)
9. Krim – 2002 – erschienen in Deutschland in der *Zeit*, in Russland in meinem Buch *Gott X*
10. Moskau–Warschau – 1994 – im gleichen Jahr im deutschen *Geo* über zwei Ausgaben verteilt erschienen
11. Capri – 2004 – nur in Russland erschienen, und zwar im russischen *GQ*
12. Ukraine – 2004 – in Russland im Nachrichtenmagazin *Moscow News*
13. Côte d'Azur – 2004 – in Russland erschienen, im russischen *GQ*
14. Norwegen – 2003 – in Russland in den *Moscow News*
15. Wodka – 2001 – zuerst gekürzt im *New Yorker* erschienen (unter dem Titel ‹Russian God›), dann in Deutschland in ebenfalls gekürzter Fassung in *Das Magazin*. In Russland schon zigmal erschienen.

Mehr fällt mir im Moment nicht ein. Ich wünsche dem Buch viel Glück (der Umschlag gefällt mir übrigens sehr gut). All the best, Victor.»

Viktor Jerofejew

Vatermord im Schatten Stalins. Viktor Jerofejews bewegende Doppelbiografie.

Viktor Jerofejew
Der gute Stalin

Viktor Jerofejew wuchs im Zentrum der politischen Macht auf, sein Vater gehörte zum Stalin'schen Hofstaat. Mit melancholischem Spott porträtiert der Autor die Welt der privilegierten Herren, zugleich wahrt er jedoch den Blick des Kindes, das nicht anders kann, als den Vater zu lieben. Letztlich aber schildert dieser eindrucksvolle Roman die Geburt eines Schriftstellers und Dissidenten, die Geschichte des Triumphs der künstlerischen Freiheit – dank des politischen Mordes an seinem Vater wurde der Autor ein freier Mensch.

»Das vibrierende Porträt der stalinistischen Ära und ein Bericht aus dem Zentrum der Macht.« *FAZ*